U0944429

Passing *by* Here

行经此处

王爱品 著

中国言实出版社

不得而得在每一处居住

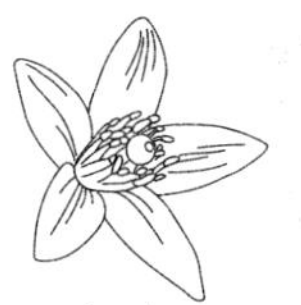

来时王者
去时感四方

禅悟与内景密语
自我引渡的素歌

神仙家的花草
知晓一切来意

目录

时光路程 / 033

三月 / 071

看球时光与秘密场景 / 103

远大路 / 165

归于子之 / 197

十七岁 / 255

序：用诗歌的方式奇袭

文/敬文东

初读王爱品先生的诗，你会惊异于其作品呈现出来的独特面貌。传统文化的闪现、驱遣字词的高古、思考和感知的奇异，以及承续着传统脉络而来的对生活本质的探寻，尽在其中。它们都在王爱品营建的诗歌氛围内，表现出辗转腾挪的自由姿态；若继续细读下去，你将会发现：在爱品的诗歌写作中，同样的思考模式更愿意作用于现代产物和现代经验。这多少可以说明：这并非姿态性的强为之物，而是源自内心的真切关注。

爱品的诗中不时流露出来的，是一种十足的古典精神。但又不单单是古雅的句式、字词等表面功夫而已；至少从表面上看，他的全部诗作都脱胎于古典的思维模式。很显然，模仿不是褒义的行为；而发明最多只需要有一个发明者便已足够，此后的模仿，哪怕是自我模仿，对于诗歌写作而言，全是自寻死路。现代经验无时无刻不处在骤变当中，古典经验总体上是趋同的，因为古人面对很少变化的农耕经验，总有趋同的内心反应。越发个人化的、越来越瞬息万变的经验，使得当下的诗歌写作必须成为一种不间断的发明行为。爱品的诗作正好体现了这一点：既高古，又现代；既有本土的茶叶，又有外来的咖啡，刚好够某些有“会心”和“慧心”的读者喝上一壶。

在化用古典方面，新诗史上有很多失败者和可叹者。他们征用古典思维，却轻易陷入圈套，最终与我们所处的现代生活脱节，余光中是这方面的显著例证。这种征用古典元素的诗看起来文雅、漂亮、中国味十足，写的却是古人的情感，诉说的也是古人的经验，无法赢得现代人的共鸣。我们在面对古典或现代，比如说，在面对烛火或电灯的时候，内里的感知脉络都其来有自，激发的经验大不相同，给予的灵魂反应迥然有别。依维特根斯坦之见，语言恰好是对世界的反应（而不是反映）。对同一个现实，正确的反应只能是一次性的。是的，正确和一次性。正是在这里，考验着一个既倾情于古典而又立志表达现代经验的诗人，比如我们的王爱品先生。他出没于古典，而静观当下的灯红酒绿、摩天大厦，以及围绕它们组建起来的一切，还有这一切给予王爱品先生的现代经验，但更重要的是从中获取的内心情愫。

王爱品另辟蹊径，以一种统率二者的努力，进行着新诗的写作；他回望伟大到不可企及的古典，却写着如今的生活：电影、足球、齿轮……他追忆着古典精神中绕不过去的“万古愁”，却写出了如下的句子：

在时光和文明样式里执政
方式的尊严，攀附城市
抵达古老便畅通一切。
（摘自《景物》）

很显然，爱品的内心有一个预设的顶点，或可称作理想境界，却并非历史的倒退。他并没有对如今的生活进行全盘否定，甚至他的目光从未真的投注到生活本身，也并非总是仰起视角。他更愿意关注的，乃是源自对身体的真心关切。而身体，才是真正的生活，并且是全部生活的总和，生活所拥有的一切尽在其间。这一点经常被一些诗人，甚至此道高手所轻视，所忽略。爱品以其不无高超的直觉，体察到了这一点。他既排除了某些意识形态对身体的占用，也不屑于对身体进行猥亵性的滥用。不用说，古典诗歌中的洁癖精神为此帮了大忙。相对于古诗，新诗的优势正在于对自身经验——这身体的负载物——不仅可以实现表现的功能，还能进行处理与明晰，甚至有时还可以深入幽微的情绪之内，以沟通内外。要实现这种全景式的描绘，需要找到一个入口。现代生活并非光润如玉或严丝合缝，它显得是千头万绪、变化莫测。因此，如今的诗人多少得有一些抽丝剥茧的意味。爱品选择的身体的向度，正是生活悄悄向自己的倾慕者撩起的裙角，为有心人隐在眉眼间的娇笑。毕竟肉身与我们的亲密关系不言自明，又和外部世界勾肩搭背：

连接着出身，紧挨着生活
时间转不动身体面貌
却能依肠胃的饮食记忆
解构诸身细胞所附和的感情
（摘自《肠胃》）

很明显，王爱品将他在现代生活里对于古典经验的思考，带入了当下的肉身感知之中，“这舌苔到底是在料理谁的脏腑/还是在预报谁的宇宙”？这等优质的疑惑，让思考显得更为具体，也更加有效，却决非简单的抒情性思慕。作为一个杰出的“身体”专家，爱品深知舌苔与宇宙的对应关系；它们在勾连起来的那一刻，立马发生了奇妙的化合作用，正像肉身与灵魂或现代与古典，各自处在一个恰如其分的位置，却又暗地里遥相呼应。正是在对如此这般的经验的描述中，生活的全貌得到了以管窥豹的表现。

不经意间，新诗算得上百岁高龄了。虽然比起他的同行前辈，新诗还是个彻彻底底的嫩仔，更称不上德高望重，但是，这些细细碎碎的时间一点点地，不免为新诗加入了几分沧桑的意味。这沧桑，并非属于它依靠的、汲取的那个庞大的文化传统。关于这一点，王爱品同样清楚：沧桑是从新诗自身的血肉里滋生出来的，原本就属于它自身的时代之寂寞，或寂寞之时代。而百年间懵懵懂懂、林林总总的事件加诸新诗其身，使新诗像催熟般催生出它独特的沧桑意味。多少值得庆幸的是，新诗并非寂寞，即便是今天，关心它的人依然很多，它也慢慢学会了自得其乐（这多少算得上年幼与年老的特征）。有这么多面目各异的“志愿者”陪伴，新诗也算不上孤寡老人，或留守儿童吧。而爱品，奇人也，一个立志打通古今、融汇各家的当代古人，或者古代的当代人。如今他奇袭新诗写作，肯定出于自信自家无所不能的才能吧。他已经取得的学术成就令人拜服，如今的诗歌写作则让人充满期待。唯愿更多的人了解他，喜欢他。

是为序。

2017年国庆，于北京魏公村

念白

经天纬地与和善相处
都是接纳人心寒透的难事

素荣

秉德散布的橘颂

随惊蛰的启响接回暗语

天地雷部出走人间

春雨骚动浸润了受命

白雾蛰伏的花骨朵

从神仙的新房拱上新枝

橙花就此从四月香了出去

布谷鸠唱空山水又叫醒闻性

陶醉从扑鼻横流再甜腻了周天

救度群迷的仙气在此成真

从岂不可喜到纷其可喜

闭心自慎的禅悟抵达了

素荣之道所惊透的天下

见素抱朴苏世独立的橙花

从青黄杂糅走入精色内白

有了参天地的荣光

念白

牛棚的瓦屋睁眼

紫宸楼阁从苦楚降临

身无长物像个帝王

看穿独立又沉默闭眼

独立地素昧平生

却又挣扎地生死相依

经天纬地与和善相处

都是接纳人心寒透的难事

从寒门草堂出发的路途

并未获得统御诸天的幸运

当驱邪的痛事成为自己

只能打量万象来相逢宗师

德位进退正位居体的每一步

正中天的群星都悲哭了天阙

密语

气息闭了门，走出来

一边专柔一边消失

灵鱼在刀圭的深井摆了尾巴

宴息出入无疾，定是饮醉了玉液

神游的众仙被施了定身法

凝住窜动，就凝住了君子

虚的轮沉入，抵达，就此开了天路

顷刻欢颜在深随其时的边界

炫耀了贪婪并麻醉的淫威

痛苦的内动同拯济的身

正在苦闭，在生发交感的力气

涣散的解，从绝邪戒节处格了物

积小高大的虚危，滚烫虚怀

自我的镜，从空的灵致了知

三叠宝象的镜中正在自言

三花着了黄裳的彩衣

万物遂家，进鼎金玉

知光大的密语，亲切了尊位

诞生

世事开败了，我从光线中走回去
欢门冷静，齐物悲心

《易·离卦》象曰：“明两作离。”

——题记

喂养

丁酉年癸卯月甲辰日

年月日富如敖仓

日子被麻醉在时辰里，继续装填轮回

这种装聋作哑的样式，指挥着命运

毫无察觉事不关已，世人皆知又高高挂起

当无奈大过诞生，意义就会被惊醒

天下所有，只有那帮贪婪之民

抵达了无所崩溃。还抵达了理所当然

应该接到母亲的电话

让贫瘠，去知晓自生大手印

去庇护，去可以言说变动不居

也只有这样的百流归德，喂养我的中天

七彩

当七彩在眩晕以内，以这一只眼
看清所有装填的负重，金光相身下
灵鹿长出了闪电般大而空灵的角
漫天宝光，圆以非有的圆形叙述
空狐的家人，美人脸，白成舞仙
连同惊蛰的雷阵，年份已久
神仙跳满的一天空的舞蹈
如果说这是一条被簇拥的路线
抵达我的额头。定然是失言
如同紧咬牙骨哑然向苍天
任一句凡夫所有

鼓舞

生死与诞生相差甚远，而今这诞生
非要掠过所有荒凉景物，才抢险命运
非要越过非人所往，才涌出泪光
非要出场到天炸裂，才知晓虹光独尊
天之所坏，谁又能知
黄帝飞升后的那面鼓皮
一直泣血涟如般，被捶打
捶打众口指笑中的经天纬地
鼓之以雷霆，惊不醒
润之以风雨，浇不透

照亮

当清风吹残绿叶素荣

当固执拉伸母亲的怅然失落

庞大而嘈杂的耳边风月

也只能开出厌倦花朵

坐立欢门，悲怀于心

迎合百谷草木时，又强支异口同声

世事开败了，我从光线中走回去

欢门冷静，齐物悲心

挣扎只能再一次看清妥协

只是用转变供养了对抗，用无言埋葬了指责

便恰恰就照亮了转身过程

绝尘

来时王者，去时感四方

当光披照，以继明照于四方

有多少转身和转变，从驱邪院的紫宸高楼

被金光流离的美乳，以为和。

所以诞生，一定金轮炽盛

而且璇玑玉衡的那颗树

根和枝叶所示苦难

都开出了七星的祥云，深达天听

再去入人耳，常见自然

讲述世间此去经年无人识、更无从谈起

恰如这轰然滚下来绝尘俗的泪珠

念珠

左辅右弼的掐指烟火
恰好顶礼了念珠遍布的道路

痛

入门上堂

就以安身流离的准确样子

以背靠……诞生为烈焰恋人

左手退却，右手追赶沉沦

恰恰就是身去魂死的世事

正在散乱地洒落送别

送别呈悲情飘摇的萤火光烛
还未落稳现世欢腾的身段
又毫无知觉地被来事迎头痛击
问何为沉沦，问何为痛击?
欲望正在睁眼看路
窜出一匹匹失去理解的牝马
绝尘而去，又骑尘而来
理解从徒劳逼迫里谈论

滚落尘，真相，念大如珠

不被看见，更无从明媚

这势，火焰燎原渴望

紧密依靠信任，障碍形成壁垒

无法抵达更坚不可摧

肉眼仅有接纳的尊严

思

以欲望和世事相依为命

自然无法缝合凡夫周遭

悲伤大过明媚，身份大于真实

轮回的样子背靠阳光，阴森诡异

看不到从花朵里穿过去

开稳的果实穿过来，这生死出入

更无从收放光明之于暗黑的伤口

障碍总是大过瞳孔，能尽收眼底的

都是连贯几无例外的知觉

浅薄，且失去接纳

说，惊雷暴跳的光亮乍现

光顾降临，何止为妄谈

如今，滚入念珠的匹夫

鼓之以利，表达鸟兽无礼的蔑视

润之以害，言说平静之外的雷霆

左辅右弼的掐指烟火

恰好顶礼了念珠遍布的道路

照亮光线，金色以莲华散落

眼睛般清澈窥视，世事开裂

何以开启并知晓如此的灰飞烟灭

路

走进微闭眼皮的观看

紧盯景物，微风轻声

相继拜访几多过去

从紧密闭合抵达温度，疲惫者

忘却另一种步行，沉入内心的幸运

天从破晓处奔袭苏醒

地从光色处飘零虚空

七拜大智路，长头磕住呼吸

深邃明亮，般若七处是山的梢

路，是德者居圣的变化冰寒之路

念珠隐退，化开五台山头顶的星辰

晾衣竿催促揭下换衣者的体温

水滴最后的年岁裹着文殊的清凉

词语跌坐在武当山，蝴蝶沧海的位置

向天柱峰，向思想的病痛，向上

小心翼翼摆放卦象及爻辞

木头的火苗，闯入出家人的火盆

闯入梦，闯入太和境地

一头青牛在每一处枝节中生长

从生长中走出下山的路

觉醒换了姿势，咬住朝拜和念珠

一百零八，开始生发欲盖弥彰的喉音

一气长贯着烦恼，变动不居

喜

咒语换作安详，从安详穿过

静谧的秘密大于求之不得

当光芒加被，圆的形式升起螺旋

恰逢紫金的光芒喜来加身

虚空被平铺、极速趋缓慢

不得而得在每一处居住

背靠阳光，却晒暖了见识

稳定，失去一切主观的稳定

相逢自己，大于一无所有

觉知扮演了镜子，升起诸多未知

从镜子里进入的纷繁如麻，思绪

纷纷停止了错误，光亮增添

照见了诸佛的谎言，无有高大与谈论

除此般若智，诱惑死于果实

自生大手印相逢了诸天古老

赤子之心的万象，自生力

从真实处默然不语，最真实的

托付完整，清简安宁

悲

俯仰演象数，静坐讲《黄庭》

神仙的家事吻合了谷谷习风

又从济度群迷咬合了世间苦寒

教化平铺旅程，只能被传说

问道的芳香随道德夭殇了许久

万民嗜欲、咸虚不存、风雨飘摇

远不如念珠滚落俗事的知觉

问圣贤，早已不复苍天之问

放大教化，便上演画地为牢

无知成为实词，又相逢自大

生发人心冰寒的霜花，继续坚硬

怀疑从信任的反面来奔走相告

语气刚从障碍处收回

又从口舌之垢清晰了诡笑

比生死重的面子，从地面弹回又厚了千尺

以为看透世事，可五十步笑百步的坚冰

把本来的咫尺无言又置身事外

悲、悲、悲……

以日以年的念珠，我行四方的念珠

是否合上你的神霄玉府

时光路程

圆与圆的分割，在空相与执拗中

颠沛流离。看法的世界，充满了可笑

水田坝

光线空荡荡，眼神深受其诱
让瞳仁紧挨着朴素的骨腔
打量着这被照耀的富足
幸运降临了，观看的饱和

河水村庄都相互熟知

这幅自然神像，战栗在敬畏的实物里
几千年的句子，天空与大地
读了个自然心安
天空写的课文，橘香的修饰语
孩子跟着鸟的翅膀回家

光辉转过身躯
定能窥见迟早的墓碑
城市延续的病，会塌下黑暗
贫穷的定义，家乡以外自卑的毒

正在撕毁落叶归根的退立之地

生死契约， 奔袭入土壤

终结了麦子问安的语气

天黑请闭眼，英雄的观看者

正在梦境里，用修行反刍

经卷翻新了三叠宝相的后山

灵魂正在联系过往脚步

一起升华，一起拉开天际楼阁

把山神唤出来目睹神山

神仙家的花草会知晓一切来意

从草堂前的喜树

飞腾起龙凤的引信

交融了古人的言语，更交代了后世

普天星斗亮了天经地纬的家事

河水涨近了泥水潭

出走半生，归来为天真

青青草自田间出

出走

一副岁月老人，叙述腐朽

从出生就被生长逼迫

出走，把因果接续上，钟情万物的面貌

这样的故守安稳

可以麻痹私下窃喜的轮回

十里春风吹不变，村庄

任何感情终究会小于故土

家门口的树，挂满孩童幻影

指桑骂槐之前，最后的收拾驿站

圈住装填自我的涟漪

扩散的时间年轮

带着跨越村庄，出走

无须跨越的日子地图

处处皆是葬地

单身的脚后跟，跨越十年

低沉独坐在爱情里，出走
大与小的矛盾，自由与饥饿
都能窒息任何梦想楼阁
这是带有痕迹和响声的嘴巴
呆坐凋零，装作老成富有

俗世的明媚均是诡笑
光明的流光，动弹不得
出走，在一颗弹丸之地
从立足处飞起，将自己打透
赶在暮年哀伤前，哀伤所有

气息从叙述处，流光流溢

停留与安详

昆虫鸣叫的老房子

一个哈欠打到熟睡

浑然不觉，淹没了回味

眼界蜷缩在昨日重复的眉毛

路途的安详，被生死固定

从因到果，带着举案的真相

时光被假借

成长就开遍了，生的错事

从归结到以前来滚动

剧情会以缓慢的形式，假借温暖

来果腹灵魂，掩盖素心

修行你的接近安静

就越能听到骨头抗拒的声音

平静与暴跳如雷

在明媚与悲伤的日子间

从骨头往外，相依为命

安详成为被记录的停留

当袒露真诚，浮现痛苦

怀疑便开始把安详撕裂

思考跨立着矛盾

成为解释不清的鬼影

掂量意义的眼睛

凝视到众生迷惑的门窗

以觉醒来缝合这间隙

沉默就以极速的形式，深刻

破裂的周遭里

停留与安详，尚未走远

刚从老房子、疑惑的脚步

攀爬进观照的密语

秘摩崖

走过坡脊，上百丈高崖
龙形的云从日光处显影
似像非像的文殊云相
立于头顶，同这片五台
化成山水岩石的经卷

恰如其分的脚步，与
领路人的微笑，感而遂通
觉悟无相而相的引领

从“见者非一”的龙洞
看到了那个写经卷的人
在帝王楼阁，以笔墨的羽化
恳祷了自己与众生的关系

来到此处，命运并非腾空而起
而是安然知晓灵魂的培育

就如寺以岩名的岩石

以寺来倒影万物秘义

恰如秘摩和尚，自唐代

以通晓山崖的挺拔和自在

在秘摩崖，叙述修行的名相

就在这里，深藏庙宇，盛装路程

从秘密寺到秘摩崖龙洞

时间的皱纹，顶着前途

以寺的容身之所开光岩石

秘密，碧空如洗般，吉祥如意

照见。一锅混沌不堪
满世界假装开悟的粥
人们心安理得，至死不渝

秘摩崖装进眼睛，看清自己
从庙宇里出来
带走那个守庙的人

大智路

夜，深到灯火故步自封

往来黛螺顶的人，被黑夜，藏入深沉

扫地僧从石阶拂尘而下

打扫俗世嘈杂和纷乱过往

印迹安歇，被修行敬畏

扫地僧披一身清凉星光

就此开了明日山门

随三步来俯身，谓之叩首

额头顶在石阶，开始支配，烦恼

这三步一拜的仪式，在俯仰间

以衣衫湿透来相逢沉重

金色世界与俗念的界

叩首在人人步履的脚下

以汗流浃背来凝视世界

显而易见，羞愧了，自我

这以顶礼来清晰的沉睡

随七次朝拜，随所见的安宁

来换洗居尘的染浊

大智路低至尘埃，又高入圣境

寄留尘土的归宿，被打扫

纷繁如许的碎念，清凉，顿悟

又空了整片五台

大智不路，行经此处

众生轮回与解脱的门窗

从来都在扬起尘土的路上

朝拜与打扫相逢厌倦与不安

一次比一次袒露的笑意

从大智路下山，摘取了坚定

无花无酒、东邪西毒的人生路

正开出步步光明的莲花

自此以后，不曾下五台

太和武当

十岁的观看之门，从墙壁

索引仙气飘然的山势、楼阁

在父母带回的旅行图上

用目光谱绘神迹

成长之门，从梦，寄存

就此拉开了玉虚的景深

叠加听闻的幸运

蝴蝶从山的梢，点燃香火

一片济度群迷的微风轻声

此去经年，纯白无念

玉虚师相，以八十二化德相的景

从万家灯火燃起诸事因果

也从车灯照开的欢迎之门

平铺命运移动

从明清古道，向上，向天柱峰
紧张一个梦境，词语跌坐进现实
思想，以贪取的病痛
开始参与通往金顶石阶的名利
山和寺的周遭景物，继续恶化
恰恰又从求保佑的方向
蜂拥而至，呈现命运冰寒

祖师的经咒，超脱的神识
从定格的仙境，沉入俗世
沉入梦的底岸，隐喻太和宫的内丹
不如一把干柴的火苗，果腹欲望

以站立之地，去打破不幸

去跪立叩首，去把表演忘却

去把比苍白要白的苍生

装进脉搏启动的另一心房

拾级而上的观看

武当的太和语言

正好指引了转身的天机

伴随下山，闭合住光线崩溃的温度

在紫金光相中，吉祥万物

文殊塔下

落地生根，把法眼种在凡尘

如同一颗活色生香的草籽

在草丛中束流清凉，挺拔有序

以打量悲喜来自净其意

所连接的功德

又潜入众生的福慧中

念念存亡，此消彼长

绕塔七匝

念珠拨弄了经咒的安住

脚步往前，右旋的身姿

将痛苦移了移

是谁生发了弥罗安定的喉音

把经咒隔离，以梵音晓唱

抵达无有安乐的自己

观看着，这不安，失去藏身之地

无知与沉睡，总会欲盖弥彰
五年后，荒草丛生的自我
直趣可以抵达的安乐
此后这咒音诵持，日夜未离
平地而起的，装填灵魂的塔
离文殊又近了一步

白毫之光，是空了的醒
正与无明相逢途中
显象的路，从般若处接引
我把清醒，再醒了一醒

金色世界随念安在

这便是转念的塔，一片明镜

抵达尘土与莲花

如同黑夜阴晴圆缺在白天的反面

居尘与出尘，心意了却

于荒草中，见法眼世界的尘缘

宜昌江边

姓名为风尘仆仆

命定的脸谱，微笑的唱腔

从奔走里升起，一场居家安定

爱情跑在奔波的前方，去祈求

称心如意，百年好合

夷陵桥下，沿江路旁

黑夜给甜蜜谱写，隐藏

春情的耳边，装满唇痕

从微闭眼皮的内心

还原所有的，零、碎

从卑微叙写的旧故事

早已流淌，席卷、替换

江水雨露，从酒店，并未归家

浪漫与琐事并存

理解便从埋怨处奔袭

渴望被阻挡，温情被隔离

说不出来的话

如鱼的一口气泡

又淹回到了水里

方寸迷雾的悲伤

如同老眼昏花般，苍白无力

天黑天明通往牵挂的修缮

遇到路的命运，也被抵抗

也被一把苦的爱别离，来品尝

当换个表情走进里外

青春狼藉，钟情红了眼

不知所以

通往残忍的锋芒，脚踏观看

爱情，割伤了年纪，又支配了执念

喜乐无序的存亡，系于了因缘

系于一场支配情绪的江边大雾

痛苦得隐藏，来随遇不安

念珠朝拜在最厌烦的脚步

我穿行在抵住额头的因果

不可逆转的承受

正是一往无前的拯救

素歌

岁月如老人，叙述的素歌

由呼吸进入，事物停留的因果

熄灭身体，轻轻合上这度日如年

让停止，占领，一切内在

气息出走天地，气数自然臣服

时光路程，悲欣的素歌

欢颜与疲惫，爱情的分毫，负赘

日夜寻觅这来日方长，妄想和损伤

微薄又寡情。无法从约定真诚处

来丝丝入扣。来琴瑟和鸣，死生契阔

空无一物的，都是影子，纷乱了

走上秘摩崖与大智路，启程的素歌

接引与自己并列，以眼眸的仪式

观看脚步，要紧的几步，都静谧苏醒了

看清身不由己的痛苦，如何不安

在清醒与欲念的生死边缘，救赎

站立在武当，跨越的素歌

征途并非静默，眼界交付自己

从内丹的火苗，来探寻，俗世高低

五家的本原，收起叙述的名相

易释道儒医，一团和气，自在安详

旋转在文殊塔下，耳根的素歌

从紧凑的咒音，执迷与开悟

从消失的碎念，松了金色的圈套

法眼螺旋了实物，困倦的眼皮

耳聪目明地厌弃了这尘世聒噪

回归的宜昌与水田坝，命定的素歌
岁月静好的老故事，在因果实相上
成长，如一泡茶，醒了，以消亡的使命
供养一念的功德，偿还、清空
让无忧无虑，不再动摇

白毫相光的内景，空性的素歌
闭眼内外，音声相和的自然歌谣
金色消亡阳光，虚空开始晴朗
圆镜的动向，让因缘有了来龙去脉
秘密被知晓，顿悟，来了去了

雍和喜乐，自我引渡的素歌

悲伤与孤独，徒劳，又光暖

缄口虚受，来争朝夕

圆与圆的分割，在空相与执拗中

颠沛流离。看法的世界，充满了可笑

意义与命运分崩离析，唯有照看寸功未立

三月

瞳孔看望花朵便看望关闭
三月倒是彻底说清了世俗
然后又撇开了苏醒和抛弃的诡笑

灵境

三月从一双眼睛，绕开情绪

竟然目睹我装进景物

辩解走进三月和花朵

由此，我把花朵的缤纷当作抵抗，角逐。

美人依然毫无音讯

依然没有从光线中来传说婀娜

眼睛看出去的花开

就连这样一件自然而容易的事情

还是要从三月隐藏，安慰的说辞

从盛开中收获平静和节制么？

瞳孔看望花朵便看望关闭

三月倒是彻底说清了世俗

然后又撇开了苏醒和抛弃的诡笑

必须承认阴谋主义者

赢得了自得其乐。我差一点阴谋了自己

去谈论花朵与花瓣的力度

那种神仙住在三月的世界

貌似一个真相，确实极其愚蠢的界限

必须和人拉开视野，构成距离

可以看作是嘲笑。三月眼神收获的情绪

死死地把我划入无知觉的一类

遭遇骗局

传递三月，意外像春寒葬送温度秩序

大朵大朵叫不出名字的谎言窜上来

把天空放在脚底，春天就腾空而起

人们的眼睛穿不透雾，盛开需要解释

就如揭开欺骗前触不到星辰

碰到成长，景物可能会惠赠几春天的祸事

花朵旺盛，花瓣光明

没有纯粹的景物构成荣耀

也没有纯粹的你和我，以比拟时间

谁料想，骗局在时间里接上了你我

以袭击大地沉沦般，袭击了呼吸

悄然地、发现喘息像花朵的沦陷

急促而细密的存在，心脏另外的声音

听到的不只是花瓣强调了凋落

整个世界死亡了开放，都在后退

就如花朵在城市取代花香，被看见

花香不会为媒，香气并非拒绝

这张扬在城市文明里的样式

朋友一词，玩物般同样的穷途末路

走在意外叠加言明错误的移栽路上

本可以奔走相告，却落英缤纷

转身

没有春天用花朵开错了季节

也没有童蒙纯粹玩弄了周遭

跨越并不成形，既然绕不开三月

那就和眼睛转身需要思想逼迫一样

用节节败退逼迫所有

低至尘埃，才能知晓尘埃如花

开出众香的路，集合明媚

转身，转过身来看清身前身后

你以低伏构成平静

平静大于天空，以及所有的路

看清结果再叙述过程

欲望的秘密情绪都是直呈乏味

抽身的秘密，肩比母亲的饭菜

香椿芽并未从母鸡的招摇中获得野心

一树的香椿和母鸡一生的蛋，并不匹配

野心的联系被打破

你打断前进，就获得了春天

逼迫，名正言顺取笑了窘迫

前进的样式，光线唱和花开

才是赖以生存的旧情歌

少年毒疮

花朵和烟雾搭配在五六岁

三月成为记录孤独的序幕

花朵般的光线本可以跑在脸上

可恰恰烟雾的际遇，正在迷蒙命运

没有什么可以问，为何抵御一个孩子

也无从知晓毒疮从哪里来

在胸、背、腹、肩、大腿根，坚固疼痛
大人都去地里抢种，笑语和对话被鸟鸣带走
在一把椅子上独坐，刻画天黑的模样
独自嚼烂草药，换洗伤口和口喷药酒
哭声凝固在泪痕干涸的脸上
夜幕了，才等到母亲安慰的语句
齐刷刷滴落的眼泪
提示被烫死的哥哥还在疼

而我的记忆已然成烟雾

作呕的青草汁味道，在毒疮的少年

像牛一样反刍，固定了一生梦境的几间屋子

还固定了舅妈缝的红裤子

从山下的河面，倒影跳跃轻盈的喜悦

看清过往身世在水里的童子

以七个毒疮招摇北斗

十二岁

镜子般如洗的，色彩舞开了蝶衣

风花雪月纷舀而来

走神会招致丢失春色

十二岁童蒙养正

开始信任翻书的声音

马姓的语文老师像岸，描绘拔节

纵然体弱持续袭击少年意志

孩子般等待盛开，也能淡忘周围

初中生的心坐落了天空，侧目观鸟落

书页从景色处摒弃了鱼

自己却成为青春之河的游动

比如暴雨打碎玻璃，简陋并未强调冷却

比如采茶合唱了霓裳，山野就放开了蝴蝶

这些都可以半夜面对月亮

乡村初中拾起来萌芽的盛事

青春换了种方式欢呼雀跃

又在必经之路上无处藏身

成为最隐秘的交谈

欢悦与隐伤

百万树林与草丛

嘴唇鲜艳般，开出梦的花朵

童年打翻四季，向日葵依次来临

葵瓜子的需求最初远离嘴巴之外

中午的一次发芽，举起遗忘

不必蜷缩的疯长，找到春天

从此一个小伙伴望着我

来自那条小溪，越过小溪

潜水的虾，没有能够与我握手

吐出倒影的气泡

把我吐回到一切违缘之初

一切快乐好像就此被创伤，飞越与退回

当青春成功转换某一个童年

欢悦就退回到不为人知的烦恼树林

而隐伤埋在骨头里，不像三月在外

那么如此地深为人知

自此以后，把所有的、诸多不幸

以一场，站立，相互致歉

就算撕开了遥相伤害的口子

一定要知道：所有的事情都是孩子

白日梦

应该叫醒在梦里的姑娘
白裙子和梨花似烟雨迷蒙
延伸了一条路的光洁
水和天空倒影般相依相偎
日夜寻觅的抢夺又彼此使者温暖
白日梦般美好景物，梦境空灵
火焰抵达火焰，踏上心跳的颜色

目睹梦见者和观看者

只有心跳才铭记心动，以及泪点

它可以比喻成婚礼

也可以拍照成红玫瑰

油菜花与生日，都在你的位置

花海的世界应该进入梦

去交谈温暖生活，去召唤早晨

还要说说这么多年，踏空年月的酸楚

是如何都在等待嫁给爱情

想同你说说紧迫的路

赖以生存的剧情和旧情歌

醉生梦死在任何路上都饮不醉爱情

紧迫的路就那么几步

一种欢颜，倾尽全力

触摸与送别

了解白云的升降、月亮的愁容

再去解决花朵的机不逢时

深入被方向包围的本身，这几乎没有可能

宿命会把疼痛，疼到黑暗里

以梦为马闪一眼尘世，一生都在死亡

跑散筋骨般离开万物生长的荣耀

无从谈论醒悟，并以此养活今生

学会城市以及城市里的送别方式

人往高处站立，楼房的骨架进入钢铁

花朵的笑容延绵欲望杂物

一样的无路可逃，拦住任何出生包括死去

若有若无的歇息，也一样是在有次序的堆积

你回家，你出门，你花光歇息

安稳是骗人的语腔，生活无有实处

送别不是结局，是触摸着接近自己

一定要清醒粪便的恶果

潜伏在无法种植的营养里

疯狂撕咬住各种诞生

合掌告慰，以想象做仰望

把不明真相的进攻转换

把生长送走，一切原委高速背离

积蓄疼痛，让送别成为光明的标题

诡异

紧视出生的母腹

埋头奋进在痛和痛的交接里

诞生是否有去无回，回归是否隐藏诡异

以一概全的语言往出生前再走一步

尘世——就用毁灭的方式直接交锋

用一个春天，用九点钟山头的阳光

用三月季节晒出温度的青葱之地

把出生、过程、结局、死亡一一写就

好像是再走一步的阴谋

也好像是疲惫语言的装扮

母亲生育的光芒大过春日之殇

能做的所有无可奈何，也都是幸运

终有一种情绪把你挂在情绪的表面

接受命运生发与葬送、抚慰与毁灭

所谓给个甜枣再打一巴掌

结局在死亡之前的立场，脱口而出

脱口未出又咽下去的

是花香需要众香的常流

它把你淹没，你才会获得所有的路

人人尽欲出常流，末路

立场又刚刚完成轻蔑

爆裂

满世界确定价值花朵

欲望绕不开秘密情绪

价值一词比春雨湿润，且经常倾盆

如今却恰恰是异常平静，近乎隐忍地赋予

于恍惚中窥见欲望的彻底妥协

没有一句话可表露宝光莲华的坦诚

坐在打坐里，就听见了花开

醒在睡眠里，就明见了花蕊

到底是什么在隐藏，花朵吐露金蕊流溢金光

又到底是什么在支配，抢占这诸多神秘

传递这几年的三月，让本无所知的意念

发出摄人心神的爆裂，用一个吸引

让你去确认世界和人身以内的以外

周身被包裹的秘密被洞开

从此你看世界，世事皆来沦陷

不知是你借花朵看望了万物的荣耀

还是阳光配合花朵构成了定数的玩物

当春光灿烂抵达内在眼眸

当隐藏的宁静获得了自在玩伴

没有什么比在爆裂里舞蹈值得鼓舞

并以春风万里来确定大日如来

看球时光与秘密场景

我残酷扔掉黑鸦的飞升

远去的死亡，记忆遮住双目

观看

从信息传输的虚空寻迹衰老

星辰得以封住最高楼的眼睛

城市窘迫的视野，唯借这屡目光

泪眼婆娑从少年的街边

看到初恋女友连同其他少女

耗尽夜晚，沙发说出的吵架词语

一句一句被屁股又坐了回去

座椅来去交替，掌声雷动

进球的场景，迅速毁灭的现场

星辰的左手把球场直播传给右手

快乐指了指上一秒的身影

把爱情浮上来，观看

叫住早已离开的暗黄街灯

发现黎明正在拉拢光线

蓄谋已久的诉说还给了生活

接吻的嘴唇，从城市接住性欲

变成光天化日的秘密

皮球滚过草皮的口哨，大家不约而同

快速追逐，一个一个足已交付悲伤

光线积极支持，这么多年，时间翻身

那些起伏安顿的孤独，一直熟悉

正如我走了几天又坐回这里

一场熬到天明的球赛

花猫从隔壁家的阳台上，睡醒

不屑地睁开眼，投胎几次，还是这个相貌

课堂与时间

在房间里妨碍时间

人们以安居称呼，放大旷野

微尘里的语气，总是以微尘散去

风大过话语，大学课堂讲述的节律

直接穿过人耳、墙壁、城市、虚空

连贯的子弹射不中麻木幼稚的学生心跳

停顿间隔的讲堂回音壁

被抛弃的微尘，蒙蔽微弱的人脸

课间，清晰在隔壁教室，袭击女生乳房

球赛是流畅的时间

这比课堂和纸上写的诗句

要懂得轻松。我从那一年把球星海报

拿到房间，翻看，倒转

有目的地阻断眼前的视野空间

并在一个有铁轨穿越的树林

摸索到乳房，有嘴唇的人脸

心跳、话语、语气、旷野，还有床

灰尘在年代里，房间旋转

一场球赛未完，隔壁女生整理裙摆

把气息拍在房间里，妨碍时间

武汉之夏

大雨从2005年的天空

获知蟑螂的下水道，如鱼，贯而入

集体爬过生存和苦难的言行

争抢我从北京到武汉的十八平米

一个老旧房间，刚刚楼下积水漫过脚面

雨，直接覆盖我站立的声响

关于直接处死，那是最直接的力度

速度排成直线，穿过眼皮和举起手掌

黑，是蟑螂同行的屏障

捕捉到任何生存都要的颜面

被掩，被盖住，这一次的无力

死亡的缓冲，女孩父亲的葬礼

在乱石岗上堆起虫子，毕业

在伊斯坦布尔之夜

已被拍死的蟑螂

所话语的绝处逢生

不是投胎再来，而是脱离重量

我欢呼雀跃的那个深夜
应该有瓶啤酒，而没有
黑夜狡黠狂欢的要害
定式的早起，让睡眠把流畅抛弃成隔阂
本来永不停歇的时间
进入潮湿的雨季
食物的家，类似一次爬行
夜晚与白天，不关心低级生硬的行走

墙角根的眼睛

墙根脚下注视的眼

没有谁走过这古老的枯竭时

给世界一个发现

两元店里的戒指，被扔在眼睛里

戳瞎这条路的暂时经过

语气无声无息

我走回来，又捡起

放到书柜上，书柜盲了

我丢失的那批书里

累赘与繁重，搬家清理

刚好这阶段敞开的血液

足球片花里上演

罗纳尔迪尼奥的牛尾巴

突破防守，拍打爱情的树根

我又从枯烂的枯竭里

直面足球屏幕外的现场

暴露，暴露，我的无声

我记不起扔掉了什么

出门，足球在注视下

滚，面对你的人摔倒了

有另外一个房间

蓝色的床罩，安稳

遗憾

楼阁窗台闭住爱的词语

你一路跟随

就找到了夜的温柔

少年的爱情胡须

在贫瘠的生活糜烂富有的脾气

蓝色床罩都深藏了意见

你所有的目，都是我的注目

潜伏两年的长发，你抚摸光华

日子回不去你爱听的故事

你等候落日或者日出

把手里的事归于云，触到嘴唇

你清楚每一笔花销的疼痛

已花销的日子

再也长不满那枝花瓣

好几个深夜

你守候球赛，短信给我

我从失去信息热情的孤独开始

决绝了一份天赐的时间深入

温柔小于欲望与暴躁

我轻而易举打破未死之路

必死的省略

再也没你的紧张紧凑

纠葛交叉

有一张夜的照片，你拍下我

花朵弥漫目光，就此攀上月亮

如此透明的距离，只有我知晓

未曾停顿的双眼世界

你带着陪同降临我

快速公交与地铁

断绝出租房捏合的两年时空

朝圣那个唯一的故事，老心脏

鸟巢奥运比赛

停了那么多喧嚣的嘴巴

都散不开你，以我的名义

阻挡我的退而远之

2010年的南非世界杯

我在夜里潜伏美酒和呕吐

飞黄腾达的致意闪耀迷醉

从那以后，纠葛里交叉速度

我残酷扔掉黑鸦的飞升

远去的死亡，记忆遮住双目

我开车载走注目

你目送花朵离开暂住土壤

哭红的双眼，失足跌在语音之上

三个月后，八月二十日

秋夜的雨落满楼房，兰花最后一眼碧绿

没看过第二眼的痛哭

爱情的拉钩独自倒上红酒

三年后的我，一饮而尽

黑暗

月亮撒了个大谎

天空沉默光华，个人袭击夜晚

无法抽身这命定的被笼罩

被前程鞭打的酒精

宁愿潜伏，潜伏下来

等候那一刻，站起来

被月亮瞥见的异眼

那高于夜色的个体明亮

走到富裕的隔壁，等候墙体坍塌

直接同月光连成一片，成为贵族

不明真相的守门员，只为结果漏网

我在这口枯井般的城市，喝酒

走错站立的花岗岩

包围我的眼睛，暗喻，我的心之眼

我盯着外面出神，如贼般审视

谎言的老骨头，感染风寒

也不忘以死殉葬，在夜的死亡

黑色自然圆谎。黑暗无尽

那些带领着和跟随者

变幻身份的分裂，自己看得清影子

都在灯火通明的城市，此消彼长

愿意附身谎言，无法摆脱这贪婪吸取

球赛结束，某一个角落

战栗终身注定，你的去处

依然是酒精

酒精穿过皮肤

如尘埃紧挨花朵

月光下招摇一次城市照耀

立马收紧果实，第二年花开

因为一场球事，把伙伴的耳朵

从道路的一侧，经过一场雨浇透的歌谣

经过肌肉放松，经过生疏距离

从奔跑在停车方格里的汽车跨下身躯

从酒吧里，找到我和你的观看

从草皮冒出的音乐，醉吧

跑到南美，跑到空的椅子上

马拉多纳的阿根廷，身后站了六月

唱出那晚情人飘零的眼泪

雨湿了纵横交差的感情

你记起应该去帮忙收拾行李

应该有一次照顾

至凌晨的交通路口，另外一个方向的绿灯

正在脱离你想去的那个另外

一大堆的如果从车道逃窜

而你被限制在命运的这边

红灯，从来都告之后退

你紧追不舍，你唯一的入口

听错了，遥不可及的时空

来一次无稽之谈

生不逢时

春暖花开的五月，我目送你远去

一场场球赛，把昨天断得只剩下果断的结果

日子从花瓣的姿态里闭合芬芳

芬芳就是此时站立的，争夺在此并不成立

时间推向花开，也推倒五月

思考是怀疑的，正如我怀疑思考一样

清醒地埋葬上一秒，收割尸体的活着

那时正好月亮到达脚面

瞻望的花瓣已死去，光线的岁末

都在赶上一场宏大的生不逢时

外表一切如故，如一倾城的爱恋

我却找不到爱恋的姑娘，私嘤几语

哪怕是就这么看着，深入彼此

不能因绝境死去，那是春花的

泪如雨下，一个清晨把醒来透明

我来到三十岁，日和夜用光线记了个数

白天和黑夜就成了我不祥的地图

我到底是命中怎样的弧线球

电视里的球赛，播放了观看者寂寞的风月

电视每每作证，那碎成片段的失神

正在记忆这场赛事的那些少年

然后连这个过程一起，薄弱恐惧

稻草人

稻草人比花朵更值得明亮
阳光和鸟从天空的位置
戴上少女情感四伏的礼帽
顺着桔梗花找到一次，似曾相识
花骨朵跟随嘴唇，在晴空里脆响
少女的嘴唇捏合这个秘密
似第一次，似走在田野般的

用三年的时间疯长

微笑的词语，武器般围剿自己的田野

不祥的时间，都在支配诡异的想念

寂静开始崩溃，花骨朵膨胀怀疑

你在另一间房脱下外衣

一款黑夜飞舞的蝴蝶

窘迫成半夜溜走的黑鸦

爱情的失眠，一直瘫痪在没有足球剧情的夜里

稻草人听闻不进的一切悲伤

被安排来做一次抵抗般的消耗

吻的柔软和被倾注的姿势

都不应该在瞬间破坏，你一触即发的瘟疫

还是好好的唤一声亲爱的小孩

把欲流之泪平静的递出来

还有少女能激发一切的舌尖

舔舐一只眼睛

媒妁之言

此光独留，黎明照看的媒妁之言

话语明亮并清醒相约

立春寒气里，以一枝花开满的句子

握住腊梅相匹配的春天

车速行进成风，光线睡在你脸上

进球与目光并行，构成黑夜交谈路程

构成连接方向的标点

去往卑微，去命中尘埃的爱情囚徒

从早晨去宽慰真诚

雪花吻融了最美脸庞

穿过肠胃病痛再去约定春暖花开

去把梧桐和凤凰约走

可以在海棠花瓣里出发认识门前的丁香

认识四月一起上演

花朵摇曳生春的现场

春天花开还是花开春天

都是相互交替的密谋

窃窃私语，这场不小的暧昧情事

时光路程在季节里迁徙

从看望你的雨季江南

雨滴是另外一场照看

雨伞下的吻，攒动情感繁华的底蕴

以痛哭的欣喜暴露春天真实秘密

火光烛台的相遇

跳上樱桃的脸，触不可及

五月一次狭长走神

羞涩归于所有樱桃

印记在眼神里泄露

岁月变故接管不及命运的刻画

以情绪的眼眸，穿过脸颊

你拿烛台的手，从夕阳借来欢喜

就这样的神色

从樱桃的红润点燃足球的新婚

天空空了一切

连身后的你都转身进屋

躲避风一样无辜无故的袭击

院子外的树枝，招摇水果掉落叶子凋零

以此无常，我没有咬到你的可口

这跟生活是压迫的

是你哭泣的雨季，下满整个阳台山

我的目光从枝头跃上樱桃的脸

刚好从瞳孔处湿了情绪

变成我的眼白，眼白围绕你

火光烛台，并不暧昧

罗伯托·巴乔

躲避子弹是否会躲避掉一场热吻

在初吻的月亮下面

忧郁湛蓝的眼睛那里全都是爱情

地中海在你的高度走来走去

意大利人的下午和夜晚

就此流入无比湿润的风情

从你的笑容流到童话世界

命运的子弹任何回避也依然是优雅的

打向天空的那粒点球

裸露了你的马尾

忧郁遍布如此多的欲动

时光交织密谋了无数个心碎悲伤

就连我十八岁的铁轨和树林

都是不知所措，不知忧郁深度

惊艳那个时光 ，天空的红唇

就这样轻触你转身的日子

在那个背影下，你的佛教师父

检验了命运的直陈痛处

放眼望去，早已经是一声叹息

早已经把心碎换成一场转身

如同那个点球后的下场离去

你就是这样裸露了这场躲避

直接跑进世界之外的风里

把悲伤以移动的方式美好

弗格森

红脸庞的幸福，是梦剧场的梦

从1986年秋天描绘二十七年

从快乐的门缝里打量一千五百场

天空烧热，红色密谋

红魔的气候站立在老特拉福德

席卷曼彻斯特天空光影

照耀了世界观众，心灵都是透亮的

梦的野兽，像是吹来了亲情的力量

从每一次观看来亲密，来渗透吻

坎通纳、基恩、92班、C罗，少年般老去

站立与倒下凶残无比，一切都有

喧嚣年老，注视残忍

当回忆情节开始连贯草皮

往事的风便同你一起指挥时间

诚心诚意注视并不畏惧的风华

谁能告诉英格兰晚风

让每一个少年从酒馆里出来

都被刮出剧场般英雄与帝国的角色

从弗格森爵士看台离去

遥想痴人说梦，竖起衣领，高昂头颅

看球时光

悲伤开了窗，荒诞剧变虚弱
足球成为时间骨架
把惊醒的沉思，又深埋了进去
夜的血脉，解决残容，装填了心力
在思想与内在奔波的人
秘密情绪定是失魂落魄无疑
凝望心湖，快乐与安稳均是无不诡异
兜转的世事，从外在承接。看看
马尔蒂尼高高跃起，解围的心事

传递，阿隆索和杰拉德的五年
兄弟情义起了秋风，各自追逐
胜利的眼眸，从KOP看台
远望弗格森，远望蓝桥，远望
烽火堆砌的“神灯”“硬汉”，还有C罗
出走的西蒙尼“床单”神锋，也等候传球
罗纳尔迪尼奥刚过中线，精灵的模样
绘制的华丽诺坎普，藏不下王朝
背起梅西，握手哈维，来了却年代
时光起的争端，和知己成仇
“安联”与“银河”，杀伐自我

巴拉克与克洛泽以冲顶的方式
敬意了“圆月弯刀”，金童纷纷带刀
德国人的啤酒配上马德里叫骂
恰恰相逢齐达内借用头颅转身
又一次纵览绝情，从遗迹果腹
瞳孔早已经填上性格，逼迫了功名
世界只有一个罗纳尔多的歌谣
唱碎了理想还有梦的呓语
黯然神伤者，马中赤兔人中伊布
回首望望，来时国王去时仙的模样
以及圣卡西与布冯所挡住的英雄路

神伤的心，波澜不惊，岁月的光明
照进眼神，疾如飞电，却永不独行
如果说马拉多纳与卡尼吉亚，描述了风
巴乔魂牵梦绕，亨利回望过去，泪如雨
风和雨，奔跑与终场，飘飘零零
而年代，正从穆里尼奥滑跪起身
“最好的曾经就在，最好的永远都在”
看球时光，正在消散天大的烦恼

何塞·穆里尼奥

生活倒在午夜
流淌啤酒的麦香

特别的一个

“I am the special one”

从嘴唇飞翔出独行的魔力

究竟是谁在集体背负

你生殖世界的光明

风吹过三跪天下的动容

就这样走上，细嚼慢咽

以及自草皮迎接的温暖楼阁

毫无疑问，信仰阿玛尼风衣

以站立吻合坚定并阅读妻子

身披爱情的在意，以此袭击世界

眼睛从四面八方潜伏

一切怀疑保持野兽的姿态

从波尔图绘制冠军

肆掠如果，抵达惊艳

冲起街头的啤酒花

开启一个人物的观看

瞳孔越过创伤

就绪赢球的醉意

生活倒在午夜

流淌啤酒的麦香

谈论与忘却

斯坦福桥月亮上的居民

从疑惑间， 确定改变的幸福

是否风吹麦浪，风过去无形

稻草人恢复了表情

在球场里唱起带有月光的歌谣

被临照，被守望

被赢球和冠军确认

被蓝桥装进了自己的梦里

二进蓝桥，惊鸿起舞

开始怀疑战绩与幸福的关系

偷偷打量那些虚无站立

虚伪歌谣里，欲望窜动的疯狂

像在哑剧场里张大嘴巴

人们窃笑地洗耳恭听

你关掉灯，自己走进黑夜

委屈在谈论里求全

必然淡忘虚情假意

经过与回家

抬头在米兰

梅阿查球场的荣耀深度

似乎要把所有人都等完

把自己开成口子，装进世界

让城市放弃高不可攀

去动容软弱，堆砌深情

在伯纳乌的草皮，双手插兜

和街头看夕阳的人一样，拥有目光

绳索变成喧嚣，喧嚣变成后方

你环顾一切，微露笑意

每一人一事，都像蹿升的烛火

被世界观看，同样把世界逼迫

蓝桥，蓝桥的梦，称为回家

人生无不是走遍街道，面临高墙

一切特殊，抛诸脑后

继续点燃球场

一起经历一切的戏份

只有在与微笑相近的心里

才懂得恰如其分

温情与死敌

温情被死敌直视

无言再回顾种种结局

数年来嘲笑温格

口无遮拦，目空一切

镜头以赢球利益转换是非

阳光已晒不透理解

更别说去比肩孤独者的光华

君临伯纳乌，立刻霸占声音
用了两年，还是割伤了自己
阿扎尔与科斯塔佯装沉陷
献出嘴唇之外的阴谋
应该想起斯内德
向全世界宣扬
穆里尼奥就是世界最好的教练
全世界镜头前的泪花
从脆弱命门漏掉呼吸
英雄从惺惺相惜被击溃
功与过，致敬般的站立
也许，你只是想球赛踢完
把风衣限定在绿色球门外
归家歇息

狂人与魔力

与马特拉齐相拥而泣

肃然起敬了泪水和歌声

远去的是否漫长

冠军都从草皮滑跪而去

人声又从草皮袒露鼎沸而来

巴塞罗那的翻译记事本

你从人们了如指掌的讽刺

呼救了闭嘴，又吞没了敬畏

天空下起与世界为敌的小雨

穷酸翻译与葡萄牙船长

又听到德罗巴、斯内德、伊布说

“为了他，我愿意去死”

这是冠绝欧洲的秘密

荣耀搬弄了对手的死亡

哪怕任何失败或偃旗息鼓

又都会俘获万物欢腾的样子

一起经历一切与上帝第一我第二

把它当真的人，才能自己导演

和你同时入戏在皮球的舞台

风吹过，只有本真，获得笑容

远大路

我像是被注目的事物尺寸

双手握满解脱，对面面目模糊

居所

花瓣辩解的时间

从五月蔷薇递进楼阁

春光乍泄并契合白云过顶

时光温度打扫冰凉

起承转合地笼罩

进入自远大路后的七年

七年，从梦里梦外穿过世界

也从伏案的意义，穿过漫长的夜

从人心薄凉处穿过观望

也从永不停歇，穿过静看

人生在变换容器里不断被固定

楼阁、街道、阳光与四季

皆是容器的模样，又是自由的悲凉

上楼下楼，这出入内外的连贯

似乎已安然了态度，安抚了野心

如今，五区七号楼的居所

从时间不空过处深藏内心

生活在平淡的内部，无关乎荒诞

更无须强调何以寝人心、损世荣

只能从怀疑处，站立功态实境

偷窥几眼不得人心，被觉醒剥离的痛苦

需要从今日觉性倔强高昂着头

更需要贯穿孩提童蒙，拯救前世

去连接愚昧残生

散步

门口的花容月貌侯门

从四月丁香，路过花香的话语

穿过五月蔷薇，院墙季节的胖瘦

从夜的月华走进走出

少女等候下楼，与摔碎的红酒瓶

穿过街区的暴雨，与爬楼醉酒的呕吐

都纷纷触摸岁月领地，从远大路出发
生活碎片与柏油路的周遭景物
在身后细微地、幽暗地消散
散步的苏醒与脚步的希望
逐渐被同一块地砖伤害
和欲望野兽贪食相类比
比肩被吃掉的自己
但也并未因此独醒命运
被幸福牵引

就不会在脚步处踩痛苦难

额头顶在脚印

是什么将必然与其狭路相逢

路和走路的讨论，往往大过自己

雨点会气化，花香会飘走

匆匆而来与持续到明天

都已经足够地以见多识广的身姿

如同花朵坐落在朋友圈

失去消失轨迹的意义

电影散场

借鉴不了生活的表演

人物与戏剧常常座位相邻

进入剧场看着情节编排

散场后又来投入假意入戏

剧场人满，散场吻安

人物小于戏剧，暧昧穿过天涯

人人皆是自己因果的结案者

疑犯的祸事从欲望搭建桥梁

高明者，会强调稳定中的怀疑

在爱情扮演的故事片序幕里

从岁月帮凶角色，演着演着

就逐渐升起淡忘，隔绝咫尺

关于吻的不同嘴唇，舔舐的麻醉

事实上都从升起的情欲处死亡了

离别后的舌头，把谈论移开唇边

更从生活中移走，再也无从开启热度

而恰恰电影，作为爱情沉沦的面具

把什么都看见了，装下了

剧情演完，忘了去伤心真实人物

情绪从街口步行，回家淡忘

楼阁的窗口借灯亮灯灭继续上演

世事一桩一桩蓄谋，谋杀在描绘

你来我往并消失踪影的过程

午夜很安静，灯光也暗了

没有光明的使者来告诉消息

她刚走散，至死方休没有回头

书桌

风雅故事一笔带过厚重

古老的美丽骄傲的妃子

未赢得王的男人

就已遵循旧制，一画赐死

故事从书桌这片丰盈之地

以静坐找到相逢

抬头望见身姿，低头触及脚步

正是书桌翻阅的贫瘠之地

顺从了暗淡到光明的苏醒

对比生活沉沦的遗迹

不依据光线是否翻越纸张

光线从早晨与下午的抵达

目光审视，对比坚硬与多情

坚硬是隧道，多情却又作壁上观

阳光和书桌都注目了我

我像是被注目的事物尺寸

双手握满解脱， 对面面目模糊

我只能依赖于此

以尊严抵达严肃，和安静述说

让山野的风、野外的光放弃世俗

把野心放入伏案的身姿，翻动火光

唯有火光把秩序隐遁，露出接受

接受路途，接受悲喜

等待阳光透射时间

灯光召感心灵

肠胃

连接着出身，紧挨着生活

时间转不动身体面貌

却能依肠胃的饮食记忆

解构诸身细胞所附和的感情

沟通母亲，遥想灶台

酸楚与倔强被姿势咬合

奔走相告，理想岁月

不光独醒在一轮明月下

应该在时光的爱人前

召唤出春天的早晨

安慰肠胃虚弱的顽固旧疾

不要以坐享其成的名义

窃取赫然独立的清净之路

不要形成食物和生活的病

把背井离乡用燃烧的灼热胃液

以抗拒，以昭示，和出发谈谈

不要解构现实并混同食物

走涌向定位垃圾场的熟悉通道

应该从肠胃生发出一气长灌

牙齿咬合骨骼，奔向崛起的定力

服津液肠鸣奔出世俗咽喉

静坐向上，读懂孤单的神态

取笑肠胃的自我语言

静静消化气吞天下的腹音

茶社

从西门而入

似被寒冬冷却的孱弱之门

在锋尚小区以茶为饮

安顿人脑煮沸

城市的岸被聚会谈论

情义从生活表面明媚

人心婀娜多姿

以茶的名义来识别脸庞

茶并非淡泊的托词

可以查阅通情达理之外

亦来对比并不交融之内

非正式课堂，非寒暄葬礼

教化与共鸣自障碍浮现

抗拒便开始延伸

方寸的茶社，方寸的血管

头顶强颜欢笑的表皮

刚刚暴露和颜悦色的骨感

又以怀揣自我度量，把怀疑散布

一幕幕凉水般撩拨的自信

从信任处超赶自卑

赶尽杀绝，一饮而尽

无法扶正的，无知的岸

简单生发复杂的悲伤

以逃跑的姿势跳水

永远从愚昧处跳错方向

城市和居所的涅槃，塌陷了岸的意义

睡眠

飞过头顶天空

一朵动物的花，睡眠

一个人的家，簇拥心跳

还经常簇拥失眠的凌晨

心跳是梦出去的花朵

长大与城市，把花开创伤

当开稳了花朵，果实便诱人

当等候了果实，生死便迷茫

失眠上的燃烧

放大了夜的深度

又在思考中坍塌知觉

至今，一个被动的，习惯者

正熄灭自己的脸色

谈妥自我，从入梦看到

年月日与空气紧挨

食物与理想共同塞满骨腔

念头的那片天空，似弦震动

又似移动的龙与凤

正专心从天空的位置

泄露眼神， 构成妥协

貌合神离正爬满想象

景物

说说观看与接纳

风从肉眼触及风物

满世界一锅强迫的粥

山河与阳光在十二楼

一眼到底的凝望风景

无法描述单身女人的春情

并非最佳诉说世间冷暖

山河暗语以及阳光里的诚实

都被车轮前进的方式

摔倒在急功近利的人群

车轮的人眼世界，谎言暴力

成为普天之下的裸眼映照

看到的像是蜜蜂过街

实则成飞翔的老鼠

胃与食物的移动者

在农耕濡养的末端

以断裂的讥讽

奔走相告农田解构

以祖先，谈谈自宫遗忘

可以谈谈粮食变奏曲

通往麦浪金黄的真情

去看重山河与粮食的富裕安置

想起麦田这醒目的隐居者

在时光和文明样式里执政

方式的尊严，攀附城市

抵达古老便通畅一切

创作

记忆这凡俗动荡

茶杯恰似梦境，一口温度

招待毫无相关的世界

梦的形式与朝代

从万民饥的肚皮

篡位到万民愚的脑海

用野感红红茶

来勾销这思索的困倦

困意的虚张声势

提神式的抗拒面目

从神志中清醒

从内心窘迫的荒芜花园

阅读到对面的眼光与习性

打破随心所欲尘世思考

文字与语言的立脚之地

首先打翻自己，这一个活物

以肢解的方式，直接陈列

时间和生活的墓藏

牵引的线，跃然纸上

刚从睡眠处片刻安宁

又被纷争入梦舞动光辉

视野力透纸背

就连勾勒的时光官司

都纷纷后退

涌动出清晰的平静

肖像

梦见了谁？去勾勒肖像焰火

幻影般连接过往身姿

这种观看升起的生命火光

肖像竟无以描绘，任何细部

都击溃了命运和执着

可梦境落了脚，放大了生活姿势

这种明目张胆的愚弄

人们信以为真，并以此寄生

然而，梦境无一次深入过远大路

更没有秘密意境地探索具体场景

唯有鼾声，从生活处消亡命运起伏

只能从现实场景， 发人深省

迁徙青春的暴力，直陈了面目

连贯的身姿以遗忘成为肖像

这些从年代久远捞起来的

客居的身份，记忆的自我面孔

总会渗透出流浪的样子

搬离过往并遗忘，每秒都在发生

那紧随一同消失的自己

面貌淡然得有点惨烈

被消失宰杀，再被进行麻醉

最后进入意义的圈套，去客居轮回

绝情地长出不认识自己的样子

之子于归

灵魂沉默到深不可测，已无人见

放蝴蝶在五月的水边

回到村庄

晨雾触摸花猫，一一指点花色

像脚步落在心外，全都姓名不详

闻一闻这亲切入肺泡的尘埃

穿过村庄，年月日与空气紧挨

迅速抵达童蒙欢笑的细密

归家的故事沉入思念之底

攀不上月亮，更追不上风

心甘情愿被命定在这些人和事上

无需引导的回归

除夕夜的知觉，被团聚明确

被围坐的心暖照耀

描绘长辈的皱纹

画上自己的月之牙

没有什么可攀比这种深刻

灵魂沉默到深不可测

已无人见放蝴蝶在五月的水边

是如何拯救，又是如何充盈

孤独大过隔断的世界

掀开被角，床角清醒

袭击而来的是梦的卧榻

黑暗的头盖骨被睡眠收起

只有母亲的棉花被，在明亮里反光

看到脑后的眼睛，瞳孔散大

一场由来已久的死亡，泛白

且自废了见素抱朴的武功

假意学习诸神的圆满

忘却瞳孔，接受黑夜的暴晒

惊爆瞳孔，是母亲早起的黎明

无比简单地，更近乎忽略地

连接子孙繁衍的流畅命运

神思飞过那片天空

没有什么能代替

夺眶而出的泪涌

温暖炉火

亲人围坐

欲望掘墓不可得逞

当温暖一词最能概述苦难

无拘无束的星辰

无论多么崩溃

也永远偏不了太多位置

通过祖先连接偌大的古代

可以打破明月

引导燕子归来

走几次山花开满山的童年

任何残忍都无法诋毁

之子于归的站立和确定

屋脊压上地面

雨在瓦片上说话

母亲的炉火旁

北斗星拉上云之被

从火炉边起身

穿过雨

期待烟花越过屋顶

越过北斗星的目眩

除夕暮色被团聚的火花围绕

包裹这狭小的屋顶

同样被置在大地的黑色

欢笑和沉静转换着不同形式的花朵

幸福微笑到动弹不得

穿过村庄

村庄撑大胸腔，缩小呼吸

从爷爷的脑溢血开始

石头的心思塞满大地

以及垫平我的十岁

麦粒从四月揭露麦芒

入仓库与弃之于火坑

活生生地剥离

其实都是终结，落日都是背景

早上，收起白菜，顺便收起板栗

收起一路脚印，收起厨房

该返回菜园整理亲人一顿伙食

落叶赴了早宴，从天空的位置

吃完这口温度，走了回去

一生的身影，衣物、忙绿、气息

一生的门前落叶，七十年骨骼重量

从葬礼里深入过去

无任何肃穆奉献杀机

逃不过童年孤僻容所的记忆

粮食插在地里，从我头顶

大山压住路途，归于几户人家

是一口牛舌卷进口里的草

是五月油菜与豆苗

是堰塘的泥鳅和爬上月亮的树

装不下自己的空间

从天空中听到熟悉的名字

就是在呼吸的地方，出现停止

从一个一个的我里，出走

从失去一棵树的村庄开始

在一个个必定到来的月份

换新自己，死于上一口恶气

理解了呼吸，人的自我

去阅读满世界的泥巴革命

刚刚学会在眼睛里交融

就被不相邻的世界

欲望野兽般贪食

打开窗户

铁栅栏被驯服

景物被分成视野流动

形成空气感冒的喉音

在肺泡里艰难出入，这套动作关联到

嘴巴外、屋外、小区外、城外、乡村外

有声与无声都被禁言，被排斥

从乡村排斥县城，再到无所不在的市区
隔阂，听说在秩序形成以前
那是大地蛮荒的年月
都在改朝换代，不明姓名

拉开窗户， 房子的蛮荒流动到景物之上
到父亲夏天来过，独自坐在窗前
围绕自己建立一个习惯的秩序
沙发被摆在旷野的一口烟草
换空气的手术，把气管插到天河

楼房和数字门牌，接二连三地妥协
无法长出中医处方里的一味草药

城市灯火，用雾霾推向星际
站在人的对岸寻找路径
在黑夜，在自己的素白之心
内心纷纷叹息，星星掉在眼前
在速度面前，比试奔跑与冷漠
宇宙失去深度，更无法跨越蝴蝶的世界
本来，飞舞一词可以从古代借来
可古代已经停泊

没有过多的优美去弥补创伤

速度明目张胆冲击成拥挤抢夺

一群纷乱的疯子掀开地之被

慌不择路，奔向失氧的建筑高楼

找到堆砌和重复，形成貌似的接纳

实际上没有谁赢得脚步

更没有谁中断春潮，从阴霾里抽身

只是等你换件装束归来

碾压早交付的春秋千年

齿轮

从街头一直到头，没有经验越过阳台

更没有把握穿过墙壁

躲避吵闹如鱼在大海里游街

完全要适应咸度，这拥挤的繁殖

时间没有在一个角落里失群

欢乐的事没有弥漫笑声

你又在回忆哪一排脚步成了谎言

直逼你在跨越里逐渐沉底的沉默

从阳春三月里穿过去

经验窒息在你和她失衡的讨论里

强调自我获得的豪夺，词语如刀锋利

总让你窘迫得直面陌生的命题

是的，还有如此多吵闹声

对与错的争论还在提高分贝

还在拼命地强调并挤压

是什么赐予的幻知幻觉

生活如此多的漏洞

你所转换的其他修改，亦是如此

依然崩溃在相信中

爱情的语言曾挂在夕阳上

后被黑夜收紧，填了夜色

当人和人角色错位的时候，运转的词语

已经无法抵达另一个胸腔

那是另外一片黑色

经验统统死在那里，尸骨是霉气

一直熏得你六神无主，寒意袭身

阳台挂不住生活的全部

它更是死亡丛林的一角

伸出手或是仰望，都无非是惨败的另一姿势

是的，必死之路

停顿的齿轮，张张牙齿般吞噬

你穿越什么，还是穿过什么

带不走任何轻松之气

只是那噬咬的痕迹

根深蒂固转动你的明天

从碾碎的昨天列队

悄无声息让你沉睡后醒来，不留齿痕

黑色旗袍

穿上花朵，以繁花似锦的魂魄

谈到宿世凝望

类似苦涩思念的命定

类似获取如花美眷

类似花朵落满的年代嘴唇

以棉麻交织以立春的赞扬

咬破所有亲吻和肯定

透过身世姻联

交织年代阳光的悲伤

交织新婚言语的托付

以优雅穿过叫嚷

言明葬送言明裸露言明直白

以拯救肌肤的名义

拯救苦楚转身

以假意以赋予

讽刺击落少女春心

抵达你看不清的落花以外

一切过渡幸福的哑剧

直接诉说去数落关怀

都会被掩以虚伪

明显被改良的土壤

以旗帜立住我等待的力量

立住安心

袍子般的温暖

不再贩卖眼泪滚落的失魂

轰然袭击我钟情的光暖

光影转身去亲吻

从烛台燃起爱情阳台

如果过往全是黑暗

则黑了眼泪诉说

黑色旗袍从退后的笑容里

上场凝重跟你谈一谈

笑颜如花谈出岁月

谈出针线交织如锦

谈出悲伤坏笑并处死葬送

从容浮生交付理想

厌倦

一场有疾马上要找出路的深秋
楼下的杨柳树被锯断
树桩，白的印子，空的院子
无法落下被阳光晒冷的安顿
深秋的出路清晰异常地毫无遮挡
找什么来遮挡这回归的身心之疾
一场时间轮转的疾病
我是否要把脚埋在地里？

埋在心里的呼吸，把门打开

血管末梢，红色红到微粒的疼

沉默，偏偏打破城市银河

泪一样的淌在大地繁衍

叹的气足以召唤大雪

雪随时会来，没有童年可以回去

也没有未来可以，盖住灵骨

看到高空坠落的城市

泪迹斑斑，涌出面瘫的人群

疯一样逐雪，从未看到那半张死亡的脸

我转过身去，抱了抱你

练习已断绝的幸福与沟通，梦见雪

总在酝酿一场由心发出的力气

把自己扔掉，能如此轻而易举地游离

阳光晒掉我的枝叶

我的正面反面都随时代掉了进来

期盼一场锯断，失去祖先和后代

舌苔

舌苔的黑气如一片古森林
在镜子前照耀这个脱离生长
不入正题的自己
反复端详，这来自身体的野兽
走出怎样的尘世困顿身影

张开嘴，让舌头先于牙齿

在空气中透露威望

关于贪婪的武器

负责撕咬的门神，牙齿

一直在打磨着坚守

如贞操一般坚硬，上下木然

可还是让软弱无力的食物供养

运转出年代的疾，病在眼前

病在不着边际里，碾碎了坚硬

这舌苔到底是在料理谁的脏腑

还是在预报谁的宇宙
柔软之舌，露出与食物相交甚欢的贪婪
现在又发出让人凝视凝神的声音
辅助哪一个世界叫喊出跑题的影像

在镜中照见，还是生活本身闪现
你把宇宙里那么遥远的可疑
带到我的面前，我以肉眼覆盖
觉得这是一场不幸
身心之疾，被遗弃在口腔里
表述着另一个世界的伤口
来自微尘里放大到极限的脏腑

没有预示一场大病来临

就在镜子照射的对面和他所立之地

以及诸多同类类似的血盆大口

需要一场离奇的黑，充当借口

去纠正这旷日持久的偏离

多年以后， 转身到自己的对面

看透分崩离析的尘世， 把身体作为祭奠

懂得了突显黑色舌苔惊天暗示

让正确闪耀使命，掐死欲望口舌

安然

察看河流与灯笼的黑夜

并没有允许月亮的自大

月光只是被借用之物

叶子是情绪，也是谎言

我们无法假借这一河的水

来确定自己

匆匆流动和树叶茂盛的自己

月光洒下的倒影，慌乱的世界
本离你很远
现在来到这里心满意足想着遗憾
一万个心思，被你看见
一万双眼睛都敌不过你的眼睛

浑身都是窟窿，被想法想穿的
那些想法没有深入核心
只是和所有人一样往外面的世界索求
你看，月光渗了进来
千疮百孔，足以装下整条河的晃荡

足以在黑夜之下完成假装

反正通往身体的黑洞和黑色是一样的

这种遮挡，你是否心安

我相信这个渐入平静的夜，是需要安眠的

也允许我们安眠吧

哪怕是一小会儿地睡去

哪怕做一些凶险的梦

都值得交付在这个尘世上

人逃离的初衷

何处可去，又何处安在

这卑微可否放逐于微尘

把江水江月都带上，去平静地诞生

步伐

到底被什么步伐紧逼

卵石在夜里白得像月

而你沉睡于此，就此叫喊狼狈

狼狈紧密相随

从春天的叶舒展，到秋天叶落下

你萌发的情绪，一直被真相驱逐

甚至日子变成了迷雾

你看的月亮

是虚空几秒前的诡笑

他们连接一片的身影，以真相示人

这就是被连接的孤独，在集体分娩

那里有你的同胞和细胞

同叶子的脸一样，抵抗自己

城市还未来得及处理好大人物的脾气

脸跟随腐烂直达病痛

他们缺乏母亲，还有叫母亲的勇气

从另一个方向撤退，挖地三尺
祖先的骨骼在日光下发白
在月光下阴森，你会迅速关闭敬畏

所有人都在习惯这远离土壤的洁净
泥巴的风度，唤不来孩童
山谷般的楼房，隐士永远不归
这一片必死的风水早已没了气脉
活生生的淫欲，从阳光照下来
时间都变成空闲，你却成为躲藏

脸庞

夜的脸庞在雨珠下落如泪痕般暴力倾诉

孤绝相告这黑暗如同这种倾盆

脸庞正对天空画面

延长的眼神目睹雨珠的脸庞

挂在车窗，缓慢，类似一条喉管

痕迹痕迹，缓慢沿喉管从天而降

雨水习以为常的情绪

隔绝车窗里的眼眸

路过你的侧身，压垮时光退路

只有湿润与黑知晓这惊醒般的呼救

你看，闪电这煎熬过来的血丝

照亮城市天空爱情的癌变

抬头望见天空，低头并不见脚步

从阳光下照亮额头

心的骨在拔节，火红的痛苦

你背靠光明，脚印般踏出黑暗的微光

火红火红，眯缝着的眼招摇在任何地方

潮水打湿了汽车后座

整个城市的高潮以收拢的方式被描述

允许一种流泪，湿润心痕的盐碱之地

流过疼流过开裂流过断绝

这是你的双目，类似爱情凄绝的命门

雨花和雨的花儿开在你的窒息里

从经过而来的人终会演绎经过

你在不停地确定狼

就自然跑丢了忠诚的狗

自从把相遇的饭粒放在谎言上

终会把你确定在一场雨里下花世界

继续还原这肺泡天地，无论如何亲密碾压

任何地方的阳光就都无法去背靠

战栗

脱掉衣服，去见忘掉的词汇

惊讶原来无语已久

一尾灵鱼阻断的去路

为此，鱼还赤脚上岸

划伤了额头和眉毛

从后面射来的光，直接是墓碑

心底的光明，潮水涨到海底干涸
妈妈的救赎只限于你渴求依靠
自那以后，十五岁后
和灵鱼中断联系
海底暴露在大树和石头的秘密年龄里

七岁那年，身长毒疮，至今疤痕
告密你的钻心疼痛
曾在一个耳光里忘记一切
自抽的耳光，应该是个祭品
从七岁丧失信仰，坚硬的鱼脊，黑色
至此，把钓鱼和捉鱼，作为与鱼的互通

并以此补养在现实中坚硬了的想象力

比如划开肚皮

用巨大无比的力气按住抽搐

掏别人内脏一样，洗净了下锅

自己的内脏，变幻一个小疮口

然后嘲笑那个怕疼挣扎的畜生

鱼鳞般脱下衣服

演哑剧，撞到海底的石头

放弃立功立言的欲望

向观众作揖，抱歉先走

一败涂地地偿还舞台角色和一切语言

如影随形

思考的深渊恰似这秋日的高远

无法渗入大地明媚的氧气

逼退你的神采

从空旷，看着，这一切的沉睡

冷静得如同虚无

如同站立之地

如同十年前，如同这已过去的存在

你后退的天空，遥不可及

天空没有四季，没有地图

没有俯瞰，没有奔走，更没有相告

只是如同你的姐姐

以解决城市的饥饿

伸手抓一把生存的谎言

把大地和邻居种植起来

只是冷漠的年岁

孤单你年老的母亲

只是如同你的大哥

帮忙碌解决程序

偌大一个数字信息

你往我来的集成线路

刚好达成这自由

把时间的密集，写上荣耀

把富足以安全感的方式，走在车轮

身后丢弃，冷乱与冰冷

酒气夸大后的老去

还是在强调身前的脸面

并没有照顾日子

这如同读书

眼见为实的读音

贩卖虚妄与假话

一个个功用的死结

成每一个实物的天空

还有如此夸大的深渊

你看得如此深切

失去这一切的关怀

还有铸造的温暖

是否已冷却成隔膜

你跳入在肉体里

并继续跳入在肉体里

失眠是天空的客人

这送不走的，混成亲人的一切

如空气包裹自己，明媚得招摇

都是自己呼吸，都是自己写下的轨迹

混乱不堪的就只剩下以后

摆不脱呼吸，还有那些混乱

你就别想看清这些谎言的不堪

可以原谅成粮食与药品

病人收不起来药

病人并非只是理想埋骨之地

应该给远望一个耳光

应该熄灭这痛

痛如闪电惊魂的，一觉

劈开氧气堆积的你因我果

使劲叫一声亲人的名字

收回，收回到心里

做一次又一次

关闭觉醒与痛如习惯的

闭眼

窗户

从这里进来，平淡无奇，平白无故

不被我邀请的众，挤在一起

再从这里偏转出去

望一眼，举目四顾

收回来，这偌大一个躯体

把我全部进出完毕

仍然不知自身进出口在哪里

这一户，又空给了窗

天就这么小的伤口？

从你那里开口

阳光与黑夜一起伸缩自如

应该有一条盘山古道

树木以线条的形式横在城市楼房

以春天的名义过去

桃花依旧红着脸

把山逼迫着后退

我们回忆不起上一张脸

只有气息

以穿梭的现代方式融入

并非融入列队反抗

而是融入摧残与撤退

融入形影不离自己的陷阱

从城市外寻找，只有油门在加速

目睹并对比城市的死亡

你进进出出任一人的居所

欲望与攫取

从失去一棵树的家门开始

失去回望的泯灭，失去端庄

发展的淫欲，时时应入土为安

如今，相机扮演的城市，洁净凶光

快门是异姓，窜上瓦屋，穿过墙

从母鸡的身边窜过，母鸡穿过厨房

姿势的山水，还有年轮的身份
一眼纵成山脊，再一眼越过山脊
巡视这无人理睬的古老之路

当白发与皱纹不是传承证物
长大的孙子早已忘却了坟地
打破粮食蔬菜，长出陌生
却是背靠一场欲望，来毁灭
从自卑的虚拟出发
以功用的占据，死死诋毁粮食

攫取自然比喻任何可用的肿胀

太多的已逝去，在这个领地

苍白的脆弱连同残忍的痛苦

反衬自己，一个白昼失明的另类

塞给土地的红包，看望这些新鲜

刚好在填饱凹凸不平的肚皮里

正打出了一个臭气熏天的嗝

车轮挂上油门，已透露躁动的诡异

催促与生存在时代中同病相怜

老人传递子嗣，无法继承这些抵抗

麦田养育城市，城市却翻脸种植

只能躲藏起来，冷若冰霜地蜷缩

是否会穿过自己的血液与骨髓

改变荣耀而朴素的基因

脸面枯竭，把祖先掘地三尺

十七岁

失去对面枯燥的抵抗
更失去生动的带有危险的眼神

梦魇与记忆

喧嚣形成不了

再多的沉寂也形成不了

可明明是从这里走来

才形成这般怀鬼胎的梦魇

站在不肯前进的荒废里

我是张大毛孔都必须过关的游魂

旷日持久地袭击身后的光洁日子

夜晚，变成一个窃笑者

感染坏笑傻笑的记忆病毒

时有时无，重复这儿的侵占睡眠的野兽

是的，十七岁，只有这般课堂

持久与你相逢

生出从来没有轻松的内心

从深奥无比的作业题开始散步紧张

开始从概不由己的深渊里

学习把陌生事物肢解的开始

尤其是简略到极致的试卷

纸上平铺世界，与课桌紧密相贴

支撑梦魇世界的骨架

端坐，草稿，紧密的时间

由笔画下进入大脑的深刻回忆轨迹

这就是夜里急迫一夜无解的命题

从一开始被击中

黑幕胀大的释放这要命的独白

秩序

从早到晚，整齐单纯的路线

被围困，无非是围墙以内的路

被描绘的光明，如向日葵的花盘

并且可以抽象从这里能走出征程

走出安逸一生的解

关于前程的修辞，是命定的
没有任何波澜助推
那带有潮湿的个性
一切都是干脆，像整齐的口号
少年们都想象皮肤外洁净光亮
无需疼痛与敏感

一切相安无事的格局
在每一个被侵占大脑的少年个体里
透露出强迫，我分明感受到
这秩序内的抵抗，如月亮的凶光
在一片安详寂静里挤压鲜明的体积

少年们已经被节制

幻想从童话里糜烂，有的伤到根骨

想象被限制在三米以内

古老的《山海经》有一个正确答案

任何突破空间的行走，解读

都会被判错，以交付页码

课堂与寝室

在这里，前途在紧锣密鼓

敲打时间以内的宇宙

我是被他人相邻的邻居

在那个唯一的命题里

讨论前途就跟毁灭前途一样

教室被赋予得孩童般充满诱惑

秩序井然

黑板写下并擦去你追我赶

课程的深度，深得显现清晰的迷惘

一同掉进去的，青春里惊鸿的秋波

送不出闪电般的惊觉

那所有三五米近的邻居

一直错位着撕扯

这撕裂的情感，压在心门之外

寝室的墙壁在夜晚活跃

像昆虫群起而发现食物

阳光下的少年，嗜暗

嗜蜡烛和手电的弱光

把话语的触角，伸向躁动里

任凭兵荒马乱

只有在这里，可爱的少年

如异动的星辰从深夜升起

我们在这个秩序里，透明如空气

随时席卷在一场大风之中

大风带过你的经过

三峡工地

十七岁的街，早已就绪走马观花

午夜的花朵，在玻璃上

正在提取忙碌的标本

昏黄的室内挑起油灯般

古老读书人清苦的打斗

屋外的灯火继续交汇三峡工地的狂热

城市连接工地现场

星星落在不确定的杂乱里

我们连同深夜喝醉的伙伴

倒在出租房，用鼾声

配合不远处不被确定的一夜轰鸣

没有惊慌无举

甚至被训诫成的自我生灭

翻墙如生殖力，直达泥土

墙外的闹市，变幻最穷凶极恶的勾引

书本成这种行为最诡秘的嘲笑

冷笑在伙伴的嘴角

直接挂上星辰，抛弃在霜花上

美丽的女生偷偷跟随

她梦见蒹葭苍苍 白露成霜

猎物没有从月光里跑来

大建筑的工地砖瓦横飞

眼神覆盖这偌大前途

打劫课堂演算公式的生动

窗户外的推土机，是飞走的囚鸟

巡夜与翻墙

一切的平静，都在整体里列举

校园封锁春天的微笑

花朵透露的郊外蓬勃萌发的秘密

只能从阳光普照感染周身

鼓舞再次一无所获

一片寂静在青春门外坐落

荷尔蒙被紧密包裹得

可以用实验器皿量化

唯一抽象的便如方程的解

可能会有数字飞舞

诗歌以及各种典籍美文修辞

只能换来试卷交替的动荡

语文及历史老师站在力量的边沿

撬动戏剧偷情的凶险，此役再次忽略

月光下巡夜的老师，如猫头鹰的眼
极力俯视一切窜动的鼠患

那些翻墙归来携带夜晚心脏的异类
在教学楼最顶层展示夜宵的消化
从清早渐渐明晰的光线里
猫头鹰消失在晴空之中
麻雀飞上枝头，看见好孩子们指点
那里一直缺乏雕塑
这样话语的嘴唇

怀疑

假期是一把直插紧凑的剑雨
只是在雨天，显示不出调节的锋利
是的，十七岁，就是持续的阴雨
连绵成绩这个结果，连绵这片固执的天空

就是这个结果，盘踞奋战

盘踞没日没夜，盘踞刀光剑影
最终是以执行枪毙的姿态
处决任何不屑一顾的你

不出意外，还连接一个讲结果的年代
结果，被摆上所有富丽堂皇的面门
从不择手段开始，就已把敬畏扯碎

人心的形象，被居心叵测隐喻
从黑夜里还偷走明月
在人必定陈列尸体的结果面前
非要抠出这三年，用以集体强调

无闲暇可以倾斜寻找趣事

任何玩乐都被怀疑充斥

同时我们也怀疑这过了敏的日子

江水的身躯一如既往从美好风景路过

回家的轮船，将迈向大坝蓄水后的平缓

眼前掠过的历史歌谣

正在结束，后续正失去头颅与姓名

假期，被阴雨攥紧，贫血

压制与凌乱

时间在十七岁里凌乱异常

被压制的体积里，分秒干枯

却又恐惧任何形式的抽离

就算没有深入时间

也要假装诚恳的霸占

这种用琴弦捆绑的囚禁

挣扎的都是青春和弦

大家都在向另一个自己沉默

少年的领地丢失长矛

荒地上的举手呼应，只有星星眨眼回应

通过眉目和气息传递的情书

死亡在女神无法分神

启齿就已经是莫大的罪恶

根本无法穿越这早包裹严实的

紧箍咒语，大家都在一往无前

晚风清凉，自己在寂寞

翻墙的跨越，被排挤成自我发现的异类

在楼顶展览，在课间操游行

在咒语训斥中收起呼应

锋利如刀的残暴青春

割开自己，伤口，是一行柔软了的沉默

麻木的地图

十七岁的领地广袤无垠

我沉睡于此， 无处寻迹的单调地图

简单，贫乏，失去层次

失去对面枯燥的抵抗

更失去生动的带有危险的眼神

我的地图体弱多病

这是十六岁之前我的心病

体弱的站立，不是我的贫穷

交付到十七岁的财富

一病再病

脸蛋上的麻木能残忍花朵

通往这条唯一，前程，那些所谓

美好时代，花为媒的时代

古老的归州正在拆分砖瓦

废墟的力度以移民的词汇

出卖时间的血管

在火热一词的反面

历史在寒冷里彻底迷途

现代城市用完好无损的屈原铜像

辩解关于同等厚重的冷笑

立在某个广场，开始纵情糜烂

寥寥无几的良言

提示言语匮乏的坠落

迈向六月的火

正在让欲望有节奏地下降

在课间的十分钟里

没有编好的谎言，就又走来敏感

活像一场暴雨，失去视线，恐惧

从课堂里寻找

微笑轻轻触及表情

惊恐连同悲伤，出卖我的伪装

我在每一个自习的清晨，都在转换表情

只有梦，练习了我所有的窘迫

向课堂再走深入，那些突飞猛进的攀爬

让我看到适宜战争的人群

慌不择路 总有一种畸形的信任

永远用善于描绘光明般相信路途

短暂而失去思考的方位

从选择开始就无路可选

从始至终，而忘记脚步

躯体的强大，生长骨头的细胞

这里留下过鬼魂

死于自我的体内宇宙

不是所谓的印迹伤痕等词语

来可以封闭那一片鬼影荒地

任何深仇大恨都深入到年龄的寒风里
就此，以噩梦的形式如影随形
夜晚，在熟睡里，去找寻尸骨
早已和形体分崩离析的病，病因

策马扬鞭追不回
十七岁的站立
土壤上的菜花，死在一茬一茬
缺失营养血脉的辛苦里
风吹过，微笑青春过往

母亲

此去独无依，暖自根地
抱元守神，独赖冥听的
是唯母亲

天破寨与石庙村

顺着梦回去
就能晒一身山水质地
天破寨是卷轴的地名
端坐、禅定，摄入眼眸
梦的目光把江河山川连接
景致就此透了气

在江河两岸，在水之背

与古老天地的关系，被时间拉伸

以青山绿水缝合眼眸

神仙家的烟火

化空生存的镜像

从天破寨，煮沸了降临

石庙村住了人

列举，凡尘的生活

董家的女儿，江水雨露跃上脸庞

美貌就此归家

烟雨平生，逍遥画卷
命运毫无褶皱

以白纸书写的生计
苍生的明暗年代
从耕读了勤劳到勤劳耕读
均是天地在行囊里的答案
万物的香火，就从身边
以一张素面，陌上尘器
从此空灵了河水的行径
幻想了天坡寨的草木依靠

以一位少女，素手妙音
洞见一个地名的太渊之堂
从自己的步子，走下去
镶嵌在三溪河深谷
绝尘俗的女子，道隐无名
空谷何以藏幽兰?
居尘出尘的赤子之德
并未抛舍素心

此去独无依，暖自根地
抱元守神，独赖冥听的
是唯母亲

婚嫁与茶饭

桔梗花神游

唤醒橘香，坐上阳光

从白云覆盖的山谷

雾气蒸腾，松柏变幻

对面山脊的男子

从深山打一捆柴，背十里山路

在年代里，驰骋家徒四壁

用劈柴迎娶

新娘有神仙的价值

嫁上高坡，清风早相识

命运的山谷，采其扬香

立在草堂，卷轴开始书写

少女叫醒的另一番天地

从此宜室其家

引渡立于茶饭的同心之言

其嗅加兰的生活，从一顿饭
出门即可叫醒昨天
把时光重新接引，开门感动
把历史归隐的场景
前赴后继变成开门，回头

和流水一起回头的
是带着小河，小溪回头
是端进厨房的一瓢清水
泉水的世界，好比平仄婉转
描绘，身后的江水画廊

茶饭，在时光里，反光
先知的瞳孔，涟漪四起
从清如许的芳香
见到了天地万物的供养

永不糜烂的胃口，外虚内实
味蕾开放了，孩子的摇篮曲
正位凝命的鼎食，回了家
静默比同安定，一起神游
是唯母亲

病痛的对面

安逸者垦荒，中草药接续病痛
上古真人形与神俱的风貌
随拜师学艺的习风久远传来
从恬淡，从山脊、深谷跃上处方
祖先的有用之物，是天地的未启之口

童年的眼睛，从五花八门的中药里
知晓精气的血统，一片气血狂野的巢
读懂阴阳，读懂全世界连在一起
天空夸张成炼药房，收放自如的脸色
在配伍里，让药来归仓，修整疾病
开在家里的药铺，恍若三山五岳的神仙
从导引之内景，有了遥想的俗世场所
在晚上所有的星星都来照路

头痛与脾胃的顽疾，眼眸的反面
凝视了母亲生活的血色，晃动，不安
时间瘦弱下来的景物，纷纷怜悯了
必定脚步里的情绪，如同捆绑了活物
那次住院，六岁的我，在母亲的对面
相隔甚远，母亲唤我，我没有走近
无知的霉气，像过量的药毒，咬痛了自己
孝顺的道，在与母亲相对的这个空间
失了温。那几步的路，可以反刍净土
更能泄露一根脊柱的方向

喂养一词，黎明的雨露，可珍重亦可忽略

可以回望弱小与童蒙。观看无论多自私

母亲都是瞳仁里的直接景物

病痛了解忽变，家族冲突直达忍辱

大妈一生咒骂人的语气，依然挂在屋角

那日梦中，她的坟冢化成一池清泉

喷鼻了乌梅的香气，姓名被化解，并升华

驱邪扶正的药方如同托梦，被悟出

从病痛里穿过去，世事万物皆来助你

病痛的对面，万物没有近路可走

嗜欲夭殇的荒地，之于母亲的洁净

有时候，下完雪，才能火化脚印

后脑勺下一根脊骨，以此为杖

尸骨埋于地下，大地一马平川

等待鲜花般盛开，拾起来

直面阳光，又看星辰低垂

一切神明的赞誉，从俗世中升起

德合无疆的柔顺，在天地铺张、笼罩

以苍老来交融哺育和盼望的

是唯母亲

女人

从万品宗渊来崇敬

紫光夫人的金莲九苞

正从阴阳的周天开花结果

阴在阳的内在，微妙光明

玉池的水，炽盛了自然章文

遥想龙汉初劫，周御的王妃

早已顺承了安贞之吉

龙德普施的六时云雨

美畅了女人事业

众星辰的祖母，宏大华贵

混凝了音声相和的梵音

从天破寨与三溪河承接天气

把万物承载写入性情

精亮的眸子，如大宝楼阁

装填积善的余庆

穿过雷动、风散、雨润

独留触类旁通的感染

亲切极了

三眼四头八臂，来照看什么？

白色飞蛇从头顶飞下

摔三段，分而又合一

见识和生育，同气相求

温养冰寒的胞宫

九直梵炁，岁月韶逝

癸亥水，乙卯木，甲辰的时间
命定来复见清傲风骨

知大始，又作成物
肚皮贴着青苗，依附黄土
农耕的秩序依时令，无需思虑
就能咸虚感应给养的喜悦
道德怀柔大小，农耕没有伤痛
美恶在眼帘里，从耳根、闻性
皆是大家之众见，寻常事物

耒耨的教化，含弘光大已久

早已通神明之德，而自耕自察

风雨雷电，转过堰塘的大地四季

照一照，一个孩子的透明之心

涟漪的一场爱情，慎，等上了心酸

记得安慰妈妈，以及玫瑰

找到牝马的幸运，讲给这个老人

之后，所有的事情，都在家里

厚、合、弘、物的大见

从一切勤苦香灯，没身不殆

也从悲愿苍生的点滴，功满德备

雷声普化的天问

感而遂通，鼓之雷霆

照见守正驱邪的苦难

从道生德蓄，从未启之口

从隐无名，从素无为，含之

是唯母亲

归途

茶饭从端午的云端
在五月香了艾草
田间腾空了粮食的香火
脐橙点起大地灯笼
江的岸，湘夫人婚房无从安宅
轮回巽乱的终始，被观照到
不交不通的困顿，正在遁世

母亲说依山建满了楼阁

翻新了云霞还有光的居处

梦中景的颜面，改了千里月华

山川的众人，齐聚，又从天空散去

着急说，得留一处老屋老景

否则儿归不识茶饭香

如今，谷神窍关的朵颐

正离去肠胃的庞大与占有

聚火载金烧了灶膛，修行人

头顶一片识途的万家灯火

就此，嗓音通晓了一切皱纹

自腹腔旋转的咒语

沉入气的音声和静谧

应答了金光惊掠山峦的喊话

气息走出了电光，蓄养的眼

栩栩了古老态的尊脸

梦的潜入和梵音的际出

换了老屋的外衣

更唤醒了关于迷的紧要几步

银色象身从临思入梦

老君神动了，金灿灿的儿时景物

梦中遗存的国土，从作物的位置

退回根尘的动静内外

轰然而至的金轮

通晓在念头里大若虚空

无法自言却欲言又止的悲悯

倦了。与大地与春秋的直接关系

醒了。头痛与变迁涉难的困魔

在悟大过的归途，从未打扰

自普施温养的丹火进符

鸿飞了降生的光彩，自那时

飞鸟遗音的空镜子

从对照，就决开了烦恼

通达何天之衢，蓄之大也

是唯母亲

后记：诗的禅悟大隐

在天姿灵秀，意气殊高洁的水田坝三溪河畔，有白云常缭绕的茶园坡。茶园坡背靠金子山，周围群山叠峦环绕，举目有三溪河水绕山前并流向远山白云中，后在老归州汇入长江。在老归州，有古老的屈原祠，随三峡大坝蓄水沉入江底，成为鱼的国土。从金子山远眺，四五座山的正东方，有屈原出生地乐平里。“帝出乎于震”，莫外乎“诗”的紫气自东而来，而恰巧在我小学和初中曾用过王东的学名，也许这就是诗歌化在阳光中的深义。交感涵养的气，在天空从阳光跑的位置，超赶一切吉祥如意，来童蒙养正这片土地的孩子。

在秭归的这片土地，诗歌自乐平里开始，从归州，被屈原和《楚辞》带到了白云的位置，也正因如此，诗歌借屈原和《楚辞》，在世俗打下了标尺和“维度”。山间何所有，岭上多白云，白云生处有神仙，这山间、岭上、白云、神仙为一体的丈量，从古至今从未改变，它自然得就如阳光雾气般，是诗的隆重和享受。无论哪个时代，和诗歌有关的一切，既联系了古代又安顿了现实，都已成为精神洪流，冲开了一切的时间束缚。在白云覆盖的山谷，雾气蒸腾，松柏变幻，一个时代又一个时代随着草木的抽芽与凋落而忘记了时间，一切都在自然中复归；同样也会在白云覆盖的山谷，废霾排放，机器轰鸣，现代工业和批量生产随同讨价还价一起迷惑着人心，正在反衬和拉开了外界与内心的距离。这就是在世俗中无论是表达亲近还是反衬距离，在时光中，就是一首诗的深度，一首诗，足以收拾任何名义的迷恋与矛盾。我们每一个损伤、困顿、不安的当下，都是历史的姿势，它如何缠绕你包裹你，让你觉得幸福微薄或者是毫无察觉的自得其乐，它都离古代不远，都在成为自己的古代。诗歌正是连接自然与内心发生在世俗中的光亮，是智慧和目光的火花，以世俗为镜，照一照内心和自然的精神往来。

自然无外乎道法自然中的自然。大道自然任

运一切，包括山间、岭上、白云的百谷草木，而人修德悟道，与百谷草木和光同尘，则是走向自然的神仙。诗歌应该同百谷草木联系在一起，以修德悟道而通了世俗灵性，才会有真正的日月的辉光。可是对于诗歌来说，自从踏入与人类相关的世俗，就已经庸俗不堪，以此摘取对大道和人性的认识与判断，大多是摄取了功用与功利的见识，被死死地扣在急迫的一呼一吸中，求生无大生，求死无好死，诗歌就是跟着人一般见识了几千年，至今无清白。

那个自乐平里开始，从归州出发的屈子，是倒在被流放继而投江自殒的功过是非上，还是得意在“举世皆浊我独清，众人皆醉我独醒”的超然境界中？这一切，只有《楚辞》坦诚了深意，同样也只有诗歌的眼睛知晓了俗世的内在。三百七十四句“千古万古至奇之作”的《天问》，从“遂古之初，谁传道之？”

的一百七十多问中，不正是问出了那个“不复与言”的渔父，不正是居尘与出尘的屈原自己么？居尘失意潦倒，出尘以沧浪之水洗缨濯足，如同圣人不凝滞于物，与世推移，与道同在。故而可不复与言，不复与言既是万言万当不如一默，又是话不对机半句嫌多。

涉江后出发，无数的人从归州远去又归来，从茶园坡出发的脚步，似乎总能找到一丝乐平里的飘逸之风，是心头上的自然的轻逸。试问有谁从脚步里踏出了归于心灵的节律？

照一照内心和自然精神往来的诗歌，正是庄子的“天地与我并生，而万物与我为一”的超然境界，独见天真。《易•离卦》曰：“日月丽乎天，百谷草木丽乎土，重明以离乎正。”其日月、百谷草木、重明之三个维度的“天下”之论，又何尝不是关乎大道、俗尘、证悟的洞见视野，若这三者连贯起来，则又见庄子之“天下莫大于秋毫之末”。从秋毫之末去见天下，则要从悟上见重明，从光明处见俗尘见众生性情，再从众生见大道。好的诗要有让人见“重明”的魔力，同样一个事物，经过诗的表达，就闪现了你原本无所知的火花，更因此光芒让人知觉光明，它曰正；通过“重明”的火花光芒，若你能见百谷草木之性情，则是见了百谷草木之众生，更因为见众生让人知觉何为洞见，何为性情，它曰“土”，土性生万物而达众生，为大见；达众生之大见者则能见日月——大道的法度，大道法眼世界里的无所不见，不得而得，它曰天。

从诗见重明，从重明的火花光芒见百谷草木之性情，再从万物的大见中悟大道恒常不变的法度，这应该就是诗歌的万物目光的层次维度。那么诗的万物目光背后，一定联系着大道赤露的心思，它是法眼世界里的最闪亮的火花。诗的目光火花世界，正是大道自然的妙吉祥，它通往了妙义难以均说的赤子之德。老子曰：“含德之厚，比于赤子。” 在法尘落地生根的法眼，并非人人皆有其内证的功态和境界，但人人皆能看到凡尘里活色生香的草籽，打量这颗草籽，看到出它所萌发的草的世界，同样的法乎阴阳，处处见大道真性所寄养之德。

从见凡尘草籽而见法乎阴阳的法眼世界，可往往草籽所在的世间万物的浅薄，又带来了语言和名相的枷锁。若丧我发端，则齐物宽广，百谷草木，个中分别皆由我见所致，大道自然的我见，则是诗的万物目光中最深重的局限和障碍。在见重明见众生见大道的目光维度里，那些饱含深情和真诚的“情绪”，又重重包裹了事物，包裹了大道袒露的赤子之心。可是往往我们还是得回来重新寻找以诗歌来见重明，所以诗中的重明很重要，它一定要构成禅悟的密语。见重明而丧我发端，从重明的诗歌目光走进去，去见齐物宽广的众生世界。

如何去“丧我发端”抛却诗歌目光里的我见呢？那就是要去洞悉齐物的深意，去找到禅悟的密语，去把诗语言里的名相建立在赤子之心上，从名相里走进去，找到诗的诚意目光。齐物的名相，如同“茶”一般，茶，本无茶名，《尔雅•释木》有“槚，苦茶也”，《神龙本草经》称之为“荼草”，司马相如说“荈诧”就是茶，陆羽《茶经》中说：“其名，一曰茶，二曰槚，三曰设，四曰茗，五曰荈。”可见，现在称之并饮之为“茶”的只不过是强说成其茶名，追溯无名之洪荒，茶，不过百谷草木而已，何来分别，更何来称谓？在世人看来，茶与百谷草木已然分别，茶能为之饮，能构筑欲望的理想国，能换贪求与安逸，更有长篇大论成若干价值，茶自然就高级于那些荒野中无人理睬无做它用的草木了，岂不知，那些荒野之中的草木世界，同样高贵于你眼中所分别出来的茶，且它清风自然，别有一番风骨，傲然独立。所以屈子苏世独立发乎《天问》，从《橘颂》里见橘树秉德无私而参天地，万物何尝不是和茶名一样，自然朴素？齐物一论，大哉高哉我庄子。

从诗的重明火光里走进去，走出尘俗名相的缠绕，去发问何为“百谷草木丽乎土”？土，能生什么它就昭显土之德。从土里长出来的百谷草木，若没有土德，又何以从草木而见大道真性？在同人于野的超然视界里，百谷草木一下就显得生动无比，从土性而延展出来一片叶子的纹络，一滴露珠的面容，本来就是纷繁苍穹，全息写照。在尘世人文的发祥里，司马迁用“有土德之瑞”称颂过一位居功至伟的圣贤，那便是人文始祖的黄帝。土德之瑞，为心包万象不落一处而又发乎万物，谓之圣德，其中玄妙，又显玄德。百谷草木对土德的颂扬，孔子代大家用了一个无比温暖明亮美好的词，那就是“丽”，此丽能见重明，能中正化天下，此丽，明两作，以继明照于四方。这就是诗的光亮，是诗文用来指引悟道的灯塔。以继明照于四方的明两作，统御并发乎万象，为土德之瑞，这是中国人心中的明灯，吉祥的颜色，是一切祥瑞的喜悦。

野，从里，予声，《尔雅•释言》：“里，邑也。”，同样是这个野字，广袤的野外，是要从“里”来透视的，是非糊涂的野，而是有这中宫御得失（四象五行的中宫）的“里”，有着土德之瑞的“里”，有足够的文化底气和超然视界，才能够得上这个野，也正是从里透视出去，你才能看到中华文明的精髓与根源，你能感受到大地之德，感动天地这份广阔无私，才不会纠结与纠缠于在野的归类，你才会觉得那种游戏如同嚼蜡，你才真正认识到自己同百谷草木一样，超然于清风明月中，重建属于自己的中正与日月，它才是应有的见重明火花的诗歌的目光，它是德的光芒，真正明了野，懂了野，则是一种破的功力和智慧，见招拆招而已。

从见重明见众生见大道的诗歌目光维度，来表达对天地、自然、神灵的最高敬意与感恩。在古代，这既是占卜，又是严肃而虔诚的祈请，更是天地人一起叙述自然法度里的光阴故事，是回归与安顿的心。有了此心，人们就能从这或喜或悲中，穿越目光维度所抵达的无常，去惊觉生命。觉醒生命，老子教诲我们“知常，曰明，不知常，妄作凶”，纵观时间，一切无常住，这便是以里以野的时间和空间，居尘出尘的哲学。天下齐物的回归，找到自己的那颗赤子之心。孟子说："大人者，不失其赤子之心者也。"，继明照于四方，明何处来？为从里、从中、从正之德，证德于性，才能有继明，源源不断的能量，才能从"里"透视"野"，才能从见重明见众生见大道的诗歌目光维度里看出去，才能以此来连贯洞见日月、百谷草木、重明之三个层次的天下，才能真正从"天下莫大于秋毫之末"，在秋毫之末里见了大道。

见了，还要去修道和证道，才能真正走向并融合山间、岭上、白云为一体的复归，自古以来，所谓的"帝王之学"莫不是称赞哪些在诗文做得精妙的大文豪、大儒们，在诗文的目光里，找到重明的火花光芒。照一照内心和自然精神往来，屈子在流放中以何等的天问而"不复与言"，沉入江河，如大道法度般独立不迁，耀眼了日月的辉光，这种古来坚定的走向

“山”（江）去的圣贤。这个时候，外界和内心，一目了然，没有产生任何得失的距离，找到并成为根植在大地任何一个地方的神明之德，就从这里走进去，以此咸以虚受，感而遂通。见重明见众生见大道的诗歌目光，成为时时顶着火光而照耀自己的心之火炬。

居尘出尘，道之出口，更是见重明见众生见大道诗歌目光的禅悟。万物齐物的回归，举诗歌的目光，让不得而得在每一处居住，这是甚深的禅，是法眼世界的密语，是通往大道内景世界的自我引渡的素歌，在知微彰中相逢自己，大于一切的求之不得。见重明见众生见大道诗歌目光里悟其生死，了其生死；小则以百谷草木之善，去以虚受人谦以制礼，站在见大道德性上，看万物如何各舍赤子之德，如何抛舍素心，又如何的舍生取义，以成人之美来养德。读懂自然万物养德的苦心，就会明了脱离自然才是跳错方向，只是一幕幕赶尽杀绝，所以再多的躁动还不如从容呼吸去融合那些藏在人心中的细枝末节的冲突。以居尘出尘的姿态，假借诗歌所闪烁的智慧之光，以此假借的舟楫之利，去以济不通，以致远。此假借，朴虽小，却天下莫能臣，在人性、在时间深处，对症下药，归于自己。

2017年中秋，于秭归

通往残忍的锋芒， 脚踏观看
爱情，割伤了年纪，又支配了执念

图书在版编目（CIP）数据

行经此处 / 王爱品著. —北京：中国言实出版社，2017. 12

ISBN 978-7-5171-2632-4

Ⅰ. ①行… Ⅱ. ①王… Ⅲ. ①诗歌－中国－当代 Ⅳ. ①I227

中国版本图书馆CIP数据核字（2017）第309114号

行经此处

责任编辑：冯章　史会美
封面设计：唐士鹏
出版发行　中国言实出版社
地　址：北京市朝阳区北苑路180号加利大厦5号楼105室
邮　编：100101
编辑部：北京市海淀区北太平庄路甲1号
邮　编：100088
电　话：64924853（总编室）　64924761（发行部）
网　址：www.zgyscbs.cn
E-mail：zgyscbs@263.net
经　　销：新华书店
印　　刷：北京市海天舜日印刷有限公司
版　　次：2018年1月第1版　2018年1月第1次印刷
规　　格：787毫米×1092毫米　1/32　11印张
字　　数：50千字
定　　价：49.00元　ISBN：978-7-5171-2632-4

以居尘出尘的姿态

假借诗歌所闪烁的智慧之光

以此假借的舟楫之利

去以济不通，以致远

行经此处

Passing

by

Here